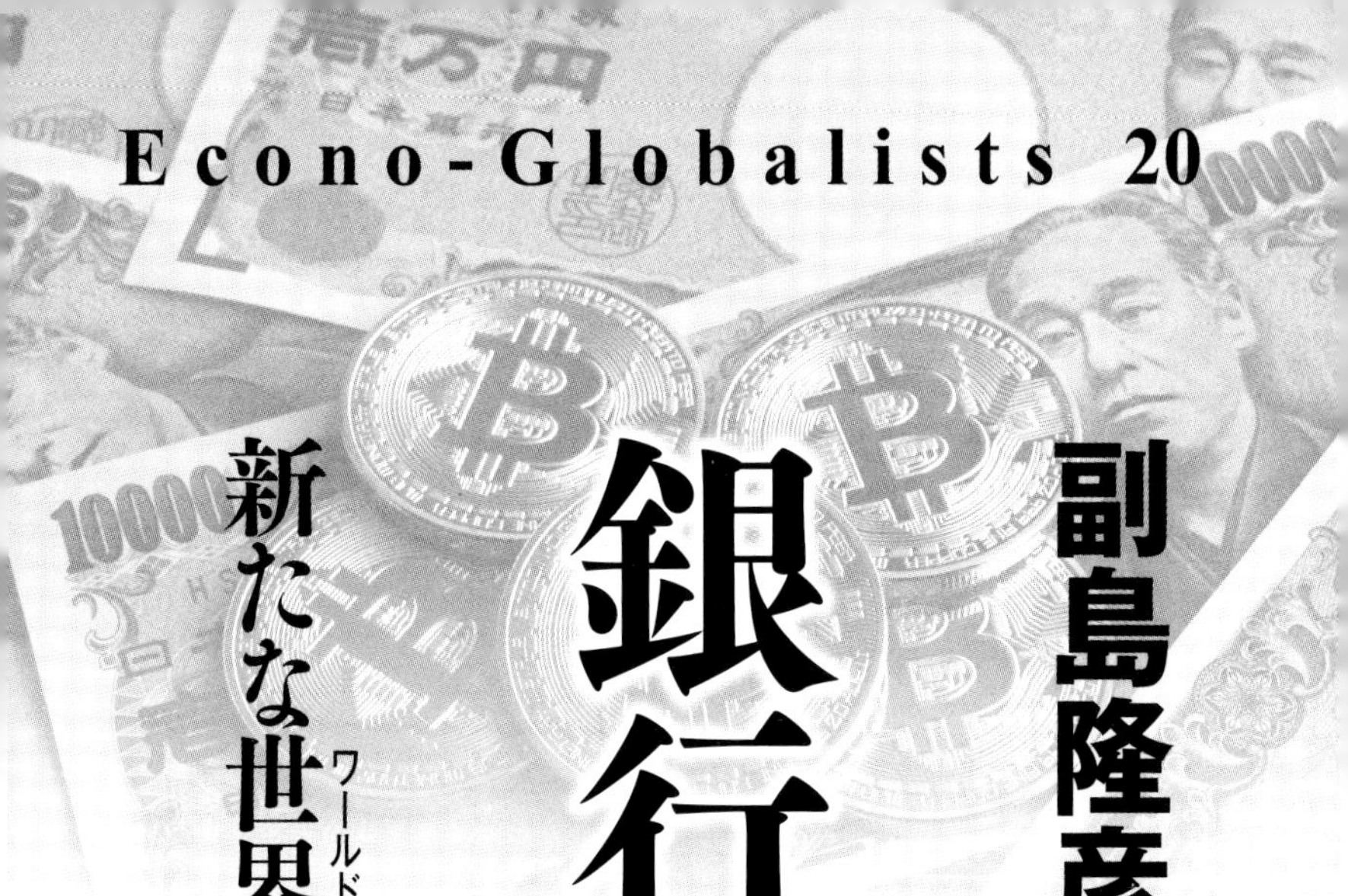

Econo-Globalists 20

副島隆彦

Takahiko Soejima

銀行消滅

新たな世界通貨《ワールド・カレンシー》体制へ

祥伝社

銀行消滅

まえがき

最近、私たちの周《まわ》りから銀行の支店（店舗）がどんどん消えている。この本『銀行消滅』は、この事実を追跡することから始まる。

皆が、コンビニで公共料金やコンサート・チケットの振り込みをするようになった。**「コンビニ決済」である。その次が「スマホ決済（モバイル決済）」で、やがて「ビットコイン決済（支払い）」の時代になっていくだろう。**ビットコイン Bitcoin なる、奇妙奇天《きみようきて》烈《れつ》な暗号通貨《あんごうつうか》（クリプト・カレンシー crypto currency ）という、お金なのか、貨幣《コイン》なのか、通貨になれるのか分からない「インターネット上のお金」が出現しつつある。それで投資家たちが大騒ぎしている。仮想通貨《かそうつうか》は、政府や官僚の統制を受けない、新しい金融市場のフロンティア（辺境の地）で蠢《うごめ》いている。

地方銀行の大合併がますます進んでいる。この「銀行消滅」の課題以外に、北朝鮮の核ミサイルの脅威に対する、日本国としての対応が目の前の緊急の問題である。私は、国際政治（外交。安全保障＝軍事）の問題の最先端の情報、知識をこの本に書いた。すでに私は、今年（２０１７年）４月に予言して、「米軍による北朝鮮爆撃は、来年（２０１８年）の４月である。直後に中国軍が平壌《ピョンヤン》に侵攻（進撃）して金正恩《キムジョンウン》体制を崩壊させるだろう」と書いて公表している。私のこの近《きん》未来予測にまったく変わりはない。さあ、私の予言は当たるか、外《はず》れるか。

私は質問を受けた。**「副島先生。それでは、その〝第２次朝鮮戦争〟へ向かっての戦争銘柄や復興需要（〝朝鮮戦争特需《とくじゅ》〟）で儲《もう》かる日本の企業はどれですか」**という質問だった。私は、呆《あき》れたが己《おのれ》の不明を恥じた。それで極力それらの戦争需要、復興特需から生まれる株高への投資期待に応《こた》えようと思う。だが、私の視線はすでにさらにその先の先に向かう。私の中では、迫り来る〝第２次朝鮮戦争〟さえも過ぎ去りつつある。

これからの世界の金融・経済は、どうなるか。ドナルド・トランプはおそろしく獰猛《どうもう》な企業経営者あがりである。米トランプ政権は、ＱＥ《キューイー》じゃぶじゃぶマネー（＝金融緩和《かんわ》マネー）を、このあともやっていくしかないのだ、と腹の底から分かっている。金融引き締め（＝金融タカ派《ホーク》）に転換したフリも一方でするだろうが。

だから今のまま、低金利（日本とヨーロッパはゼロ金利）を続け、株をニューヨークの

「大親分たちの談合《だんごう》」で吊り上げ続ける。それしか他にやりようはない。ドル札と米国債（トレジャリー・ビル Treasury Bill 米財務省証券《ざいむしょう》）をさらに大量に刷り続けて、国家財政《ファイナンス》と米国経済《ナショナル・エコノミー》済を成り立たせるしかない。日本の株価もズルズルと、この先もニューヨーク相場に〝連れ高〟する。そうやって先進国（米、欧、日）の退職老人たちの年金を賄《まかな》い続ける。これが何よりも国家運営の基本だからだ。老人たちを怒らせたら政権はもたない。トランプは、アメリカの国内産業を建て直して輸出振興を目指す。だから、「ドル安路線、低金利路線」なのである。だが〝ちょっとだけ〟利上げのポーズはする。若い元気なFRB議長にやらせるだろう。

私は、この本では、気合いを入れて、どうしても人類に出現しなければ済まず、新しい世界通貨（ニュー・ワールド・カレンシー new world currency ）になってゆく仮想通貨《サイバー・マネー》の運命を予測する。

森羅万象《しんらばんしょう》の中に生起し有象無象《うぞうむぞう》のひとつ、であるビットコインは、各国の権力者（官僚たち）に叩き潰されるだろう。だがこれから何度でも復活する。仮想通貨には「中心《ノン・セントラル》がない」のだ。だから、世界を操《あやつ》る権力者たちや支配層の言いなりにならない。このサイバー・マネーが、やがて実体を持つ実物資産（タンジブル・アセット　tangible assets）である金《きん》や銀、銅などの金属資源と、エネルギー（石油と天然ガス）と、小麦や豚肉などの食糧品目などの基本物資（コモディティ　commodity　商品）のすべてを大きな籠《かご》（バスケット）に入れて総量を金額換算した「コモディティ・バスケット」commodity baskets によって裏打ち（担保、保証）される。**そのとき、この地上に新しい世界通貨体制（秩序）ができてゆく。**この世界通貨は、大《だい》経済学者ジョン・メイナード・ケインズが、第2次大戦末期にアメリカ政府と激論したときに唱えた、まさしくbankall「バンクオール」通貨の実現である。もう米ドル体制の時代ではない。

世界の中心は、やがてニューヨークとワシントンから、ユーラシア大陸（ユーロッパとアジア）に移ってゆく。そのとき、新しい世界の中心都市は、中央アジア5国のひとつであるカザフスタン国の都市アルマトゥ（アルマティ）であろう。私は、すでに2010年に拙著でこの予言もしている。

今の北朝鮮危機はどうせ過ぎ去っていく。このあと、日本に年間1億人の外国人旅行者がやってくる時代（現在の3倍の数）が来る。だから外国人向け旅行客ビジネスで活躍しているネット企業の推奨銘柄一覧を巻末に載せた。

いわゆるＩＴ《アイティ》企業を、私たちは、大きく二つに分けて考えるべきだ。私の中で閃《ひらめ》いた。

①ＥＶ《イーヴィ》（電気自動車）や自動運転、そして生活のインターネットとロボット化（Ｉ《アイ》ｏＴ《オウティ》）、コンビニ・スーパーの完全無人化などは、総じてＡＩ《エィアイ》（人工知能）の開発として考えるべきだ。

もう一つは、前述した、

②ビットコインなどの、奇妙きわまりない新しいサイバー（ウェブ）マネーたちだ。

この新しい世界通貨の発達を、これからの人類のあるべき世界秩序の問題として大きく考えるべきである。ビットコインは政治問題なのである。ビットコインは、国家（官僚たち）の支配を打ち破って国境線を超えてゆくからだ。

私は、①のＡＩ（サイバー・ショップから実店舗《リアルてんぽ》へ）よりも、②の仮想通貨（サイバー・マネー）のほうを、より重要だと考える。

副島隆彦

目次

まえがき　3

1　消える銀行　13

● 今、銀行で何が起きているのか　14
● 破綻処理と国有化と　18
● アメリカでも日本でも進む「銀行消滅」　24
● 三菱東京ＵＦＪも、みずほも店舗閉鎖　27
● 地方銀行は「２県で１行」の時代に　32
● コンビニが銀行になっている　36
● 〝手数料競争〟が始まった　41
● ポイントカードがクレジットカードに　45

●「非接触型」(コンタクトレス)の決済とは何か　50
●銀行どころか証券会社も不要になる　54

2 朝鮮半島有事とこれからの個人資産の守り方

61
●〝第2次朝鮮戦争〟は2018年4月に起きる。1カ月で終了する　62
●「副島先生。戦争銘柄を教えてください」の質問に答えよう　68
●一挙公開！　日本の軍需銘柄　73
●「日本は1万円札を廃止せよ」という米経済学者の主張　80
●インフレ・ターゲティング理論の大失敗　89
●仮想通貨と金《きん》　93
●税金官僚から資産を守る。金はどう保管すべきか　101
●海外へ資産を「逃がせ隠せ」した人は、日本に持ち帰らないように　107
●税務署に〝本当のこと〟を言うべきではない　109

●事業所得の目安「5棟10室」ルールとは何か　111
●法律は上級公務員の理屈からできている　113

3　仮想通貨は新たな世界通貨《ワールド・カレンシー》となるか　119

●誰が「コイン」を発行するのか　120
●ビットコインは「現金」に戻せない。おそらく損をするだろう　123
●1BTC《ビットコイン》＝110万円の夢を見るのもいいけれど　128
●仮想通貨の取引所が倒産して28億円が消えた事件　130
●ビットコインは「通貨」(カレンシー)になれるか　134
●リバータリアンの思想からビットコインは生まれた　135
●仮想通貨市場の時価総額は15兆円　139
●ブロックチェーンとは何か　142
●金融工学の滅亡　147

●国家体制の外側へ逃げてゆく 150
●2万台以上のコンピュータで「マイニング」（採掘）する中国の会社 155
●「ビットコインは10万ドル（1100万円）になる」 157
●なぜ中国でビットコイン取引の規制が強化されたのか 159
●巨大銀行連合が仮想通貨を乗っ取ろうとしている 163
●仮想通貨と実物資産が結びついて、新たな世界通貨体制ができる 166

4 フィンテックから民泊まで副島隆彦が見通す未来

171
●インターネット決済を始めたピーター・ティールという男 172
●仮想通貨は金融市場のフロンティア（最前線）か 179
●アマゾンとトランプの激しい対立 182
●IoT《アイオウティ》で無人化が進むと、どうなるか 189
●自動運転（運転の無人化）と電気自動車の時代は、まだまだ遠い 192

- 訪日外国人は年間で1億人になる。これがビジネスチャンスだ　197

5　日米〝連動〟経済は続く。そして……　209

- 〝トランプ暴騰〟は、なぜ起きたか　210
- 証拠を残さない相場操縦が行なわれていた　214
- ドル円の為替相場も操作《マニピュレイション》されている　219
- トランプは国家借金の「上限」を引き上げた　221
- 緩和マネー問題で、次期FRB議長の人事も決まる　227
- 94歳のキッシンジャー博士が、トランプ、プーチン、習近平の先生　234
- 世界の3巨頭による「第2次ヤルタ会談」が開かれる　238

あとがき　242

外国人旅行者で成長する企業たち推奨銘柄27　247

カバー写真／泉　浩樹
装丁／中原達治

1

消える銀行

●今、銀行で何が起きているのか

世界中で、銀行の店舗がどんどん減少している。左ページに一覧表で載せるとおり、すさまじい勢いで、大銀行の支店の閉鎖や人員整理（リストラ）が進んでいる。この他に銀行同士の合併《アクイジヨン》・統合《マージヤー》や国有化、実質破綻も続いている。

あなたの家の近所にあった銀行が、いつの間にかなくなったり、銀行の名前が変わったりしている。このことが、これからますます増えるだろう。本書の書名どおり、まさしく「銀行消滅」である。一体、何が起きつつあるのか？

この激しい動きは、昨年（２０１６年）から公表されるようになった。たとえばドイツ銀行 Deutsche Bank《ドイツチエ バンク》は２０１６年６月21日に、「１８８の店舗を閉鎖する」と発表した。ドイツ国内にあった７２３店舗を５３５店舗にまで減らし、３０００人が失業する。ドイツ銀行はドイツすなわちヨーロッパ最大の銀行である。日本なら三菱東京ＵＦＪ銀行（２０１８年４月から「東京」を外して三菱ＵＦＪ銀行に社名を変更する）が支店をどんどん畳むということだ。

以下に金融専門の情報紙の報道記事を引用する。

世界中で銀行がどんどん減少（消滅）している

ドイツ	ドイツ銀行がドイツ国内の25％に相当する188店舗を閉鎖。 3000人（そのうち2500人が支店勤務）が職を失い、723店舗から535店舗にまで減る。
イタリア	モンテ・パスキが5500人削減と600支店を閉鎖。ベネトバンカとバンカ・ポポラーレ・ディ・ビチェンツァは、店舗閉鎖から破綻処理へ。
イギリス	ＲＢＳ（ロイヤル・バンク・オブ・スコットランド）が約700人削減。 イギリスとアイルランドで180支店を閉鎖。
スペイン	ＢＢＶＡ（ビルバオ・ビスカヤ・アルヘンタリア）が国内の130支店を追加削減。年内で支店の８％が閉鎖へ。 国有化されたバンキアとバンコ・マレ・ノストルム（ＢＭＮ）が合併。
アメリカ	シティバンクが韓国にある支店の75％を閉鎖。 ロンドンの４支店のうち、３支店を閉鎖。
日本	三菱ＵＦＪフィナンシャルグループが今後、10年程度で１万人を削減する。みずほフィナンシャルグループは、今後３～４年で１～２割の支店を統廃合。 地方銀行の経営統合が進む。三重県の三重銀行と第三銀行（2018年４月に統合）、新潟県の第四銀行と北越銀行（2018年春に統合）、関西アーバン銀行、みなと銀行、近畿大阪銀行（2018年春に統合）。

「ドイツ銀がデジタル化で３０００人解雇、国内店舗の25％１８８店閉鎖」

ドイツ銀行が２０１６年６月21日、ドイツ国内の25％に相当する１８８店舗を閉鎖することを正式に発表した。

この決定により３０００人（そのうち２５００人が支店勤務）が職を失い、支店数は７２３店舗から５３５店舗まで減る。大規模な事業縮小を目指すドイツ銀行は、さらなる支店閉鎖と人員削除を実施する意向を明確にしている。

他の多くの大手銀行と同様、人員整理の裏側でデジタル計画が進んでおり、２０２０年までに７億５０００万ドル（約８００億円）がデジタル商品とアドバイザリー・サービスに投じられる予定だ。

（Fintech Online　２０１６年６月27日　傍点は引用者）

この記事の中に私が傍点を付した「人員整理（と、支店閉鎖）の裏側でデジタル計画が進んでいる」という部分が重要だ。

銀行というものの主要な機能が「決済」である。決済とは settlement《セツルメント》 でモノやサービスの売買取引を、お金の支払いを完了することだ。この決済が、デジタル技術によって〝コンビニ決済〟や〝モバイル決済〟なるものに取って代わられつつある。だから銀行の店舗（支店）が、どんどん要《い》らなくなって消えつつあるのだ。公共料金の振り込みや、コンサートや飛行機の予約のチケット代の送金と受け取りもコンビニ店で済むようになった。まさしく〝コンビニ決済〟で済むようになった。そして、その次が〝モバイル決済〟である。これは、「ワン・ストップ」（ひとつの手続きですべて済ませる）というＩＴ《アイテイー》革命のひとつの現われである。

この金融の急激なＩＴ《アイテイー》化に合わせて銀行自体もフル・デジタル化を進めている。人員を減らし、コストを削減しようとしている。そして、ここに銀行とコンビニの価格競争（手数料競争）が出現したのである。このことはＰ41以下で詳しく説明する。

記事にあるドイツ銀行は２０１６年の秋、破綻危機に陥った。ドイツ政府ではないアメリカの司法省 Department《デパートメント》 of《オブ》 Justice《ジャスティス》が、「ドイツ銀行は、２００７年までに販売したＲＭＢＳ《アールエムビーエス》（住宅ローン担保証券）のリスクを投資家に説明しなかった。そのために投資家に大損させた」として、１４０億ドル（1兆５０００億円）の懲罰金《コンペンセイション・マネー》（罰金）

を課したのだ。そしてこのあと「ドイツ政府は、この件ではドイツ銀行を救済（bailout《ベイルアウト》公的支援）しない」と報道されたことで、ドイツ銀行の破綻危機問題が緊迫化したのだった。このときドイツ銀行の株価は10ユーロ（1300円）にまで暴落した。

このときは、2016年9月30日に、アメリカ司法省が「140億ドルの罰金を54億ドル（5500億円）に負けてあげる」と減額したので、この司法取引《プリー・バーゲニング》でドイツ銀行はどうにか破綻を免《まぬが》れた。私はこのドイツ銀行の破綻危機問題を、トランプ米大統領当選を予言して的中させ、トランプ政権の経済政策を予測した前著『ユーロ恐慌』（2016年11月、祥伝社刊）で解説した。今からでも買って読んでみてください。

●破綻処理と国有化と

このあとヨーロッパで、イタリアのモンテ・パスキ（モンテ・デイ・パスキ・ディ・シエナ Banca Monte dei Paschi di Siena）という国内3番目の銀行なのだが、実質破綻した。即座に緊急に救済されたので目立たなかったが。このときモンテ・パスキ銀行は600店舗を閉鎖して5500人を削減した。この銀行は欧州委員会（EC European

大手銀行でも大幅に支店閉鎖が進む

ドイツ銀行（独）　写真：Bloomberg/getty

モンテ・パスキ（伊）　写真：ロイター＝共同

RBS（英）　写真：NurPhoto/getty

Committee）の承認を得て、イタリア政府から54億ユーロ（7000億円）の公的資金注入を受けた。すなわち破綻処理せずに国有化された。本当はECB《イーシービー》（European Central Bank ヨーロッパ中央銀行、マリオ・ドラギ総裁）が、現金輸送車でユーロ紙幣を店頭に山積みして、「預金者の皆さん。いくらでも下《お》ろしたければ下《お》ろしてください」と、取り付け騒ぎ《バンク・ラニング》の火を急いで消したのだ。

このとき同じイタリアの地方銀行のベネトバンカ Veneto Banca とバンカ・ポポラーレ・ディ・ビチェンツァ Banca Popolare di Vicenza も大幅に支店を閉鎖した。ECBは、この2行に対しては「もはや経営再建は不可能だ」と判定して、破綻処理された。

イギリスの大手銀行（第4位）であるロイヤル・バンク・オブ・スコットランド（RBS《アールビーエス》 Royal Bank of Scotland）は700人の削減を発表した。イギリスとアイルランドで、180の店舗を閉鎖する。またスペインでは、大手のBBVA《ビービーブィエー》（ビルバオ銀行）が、130支店の閉鎖を決定した。スペインではこの他に、すでに国有化されていたバンキア Bankia とバンコ・マレ・ノストルム Banco Mare Nostrum が合併する。ここも大幅に支店を減らすだろう。

7年前の2010年に起きたヨーロッパ金融危機（ギリシャ国債危機が発端《ほったん》）までは、

スペインには55の銀行があった。それが今は12行にまで激減している。

これらの動きをブルームバーグ（アメリカの金融情報通信社の最大手。イギリスにはロイターがある）の記事で確認しよう。

「伊モンテ・パスキが5500人削減と600支店閉鎖――5カ年再編計画」

イタリアの銀行モンテ・デイ・パスキ・ディ・シエナは7月5日、大幅人員削減や資産売却を含む向こう5年の再編計画を発表した。同行は伊政府から公的資金注入を受ける計画について、欧州委員会から承認を前日受けたばかり。

7月5日の発表文によると、2021年までに5500人の削減のほか、600支店の閉鎖、不良債権286億ユーロ（約3兆6800億円）相当を処理する。また、同年までに純利益を12億ユーロ超とするほか、株主資本利益率10・7%を目指す。

（ブルームバーグ　2017年7月5日）

「英銀RBS　約700人削減、英・アイルランドで180支店閉鎖――経費節減」

英銀ロイヤル・バンク・オブ・スコットランド・グループ（RBS）は、690人程度を削減し、英国とアイルランドの支店180カ所を閉鎖する。同行は10年近く赤字が続いており、経費節減を進める。

3月23日の発表資料によると、RBSは傘下の英国内のナショナル・ウェストミンスター銀行（ナットウェスト）の128支店とRBSの30支店、ならびにアイルランドのアルスター銀行の22支店を閉鎖する。顧客のサービス利用方法の「劇的な変化」が人員削減・支店閉鎖の理由だという。

支店閉鎖により1050人以上の従業員が影響を受ける。このうち360人は他の職務に異動させると、RBSの広報担当は語った。

（ブルームバーグ　2017年3月23日　傍点は引用者）

「スペインBBVA、国内130支店を追加削減――年内で支店8%閉鎖へ」

スペインのバンコ・ビルバオ・ビスカヤ・アルヘンタリア（BBVA）は、年内に国内で130支店を追加削減する。従来型金融機関の他行と同じく、インターネット・バンキングを強化する。

BBVAは、3月23日遅くの発表文で、この削減は2月に閉鎖した132支店に上乗せする形になると説明した。これで同行は今年、国内支店網の8％を閉鎖することになる。残る国内支店数は３０４４カ所と、国内2位。

（ブルームバーグ　２０１7年3月24日）

「国有化されたスペインの銀行、バンキアとBMNが合併条件で合意」

国有化されたスペインの銀行バンキアとバンコ・マレ・ノストルム（ＢＭＮ）が合併する。政府が救済資金の回収を図る中、バンキアがＢＭＮを買収することで合意した。

バンキアは合併後の資本の６・67％に相当する新株を発行し、ＢＭＮ株主に割り当てる。バンキアが6月27日に発表した。上場廃止となっているＢＭＮの価値を8億2５００万ユーロ（約１０３０億円）と評価し、これは純資産額の41％に相当するという。

（ブルームバーグ　２０１7年6月27日）

●アメリカでも日本でも進む「銀行消滅」

このように、ヨーロッパ各国で地方銀行は言うに及ばず、大手銀行に至るまで店舗の閉鎖と銀行員の人員整理（クビ切り）が相次《あいつ》いでいる。この動きはヨーロッパだけではない。P15の一覧表で示したように、アメリカも日本も、「銀行消滅」の時代に突入したのである。

アメリカのシティバンク（シティグループ）は、ロンドンの3つの支店を閉鎖した。これらの支店は主に個人向けの営業を行なっていた。韓国でも4分の3にあたる85の支店を今年中に閉じる。新聞記事を載せる。

「シティバンク、韓国内支店の75%閉鎖」

シティバンク（米銀行大手）韓国内にある113の支店の4分の3を年内に閉鎖する。7月7日に5支店を閉鎖した。シティバンク・コリアは、実店舗の閉鎖で業界のデジタル化に対処しやすくなるとしている。2016年の純利益は前年比43・9%減の1568億ウォン（約156億円）だった。

欧米の銀行にとって韓国市場は長い間、墓場のような様相を呈してきた。韓国勢との激しい競争、強力な労働組合との摩擦、規制当局による不利な扱いが原因だ。

１９９０年代後半のアジア通貨危機以降、アジア第４番目の経済国である韓国のリテール金融市場には米シティバンクと英ＨＳＢＣ、英スタンダードチャータードを含む世界的な大手数行が進出したが、事業拡大に成功している銀行はほとんどない。

後退の最新事例がシティバンクだ。シティは支店を減らしたあと、ソウル首都圏の５カ所に大規模な資産管理センターを開設する。富裕層の顧客だけを対象に、チーム単位でプライベート・バンキングのサービスを提供する。

（日本経済新聞　２０１７年7月10日）

シティバンクは、日本でもほとんどの支店が姿を消した。法人営業だけはやっているふりをしているが、**実態は日本からの全面撤退である。**すでに2年前の２０１５年に、個人向け（小口）の銀行業務をＳＭＢＣ信託銀行に売却した。それまでの「シティバンク銀行」が「プレスティア」という聞いたこともない奇妙な名前（ブランド）に変わった。

日本で銀行業の免許を持つアメリカの銀行は、日本の銀行法第４条に基づいて、①Ｊ

Pモルガン・チェース、②ステート・ストリート、③バンク・オブ・アメリカ、④ニューヨークメロン、⑤ウェルズ・ファーゴ、そして⑥シティバンクの6つが登録されている（金融庁による）。しかし日本で本当に営業しているアメリカの大銀行は、実質的にはもうない。いつの間にか蛻《もぬけ》の殻《から》になっていたのだ。完全撤退に近い。

証券と投資銀行系は、⑦メリルリンチ（バンク・オブ・アメリカが2008年に救済して、その一部門だ）が、かたちだけを残している。だがここも実体はなくなっている。⑧ソロモン・ブラザーズは、1980年代に日本に上陸して、1999年に日興《にっこう》ソロモン・スミス・バーニー証券となった。シティグループが日興証券を資本提携して乗っ取って、日興シティグループ証券と名を変えた。ところが2008年に〝リーマン・ショック〟が起きて、シティバンクは三井住友銀行に売り払った。だから、今はSMBC日興証券となり三井住友FG（フィナンシャル・グループ）の子会社である。ソロモンで「クオンツ」と呼ばれた、超《ちょう》難解な（すなわち金融手品《てじな》だった）金融工学を実行したトレーダーたち（インド人が多かった）も、ほとんど日本国から消えてしまった。

2008年9月15日に勃発した〝リーマン・ショック〟で、野村證券（野村ホールディングス）は、ロックフェラー財閥から「なんとか面倒を看《み》てくれ」と、リーマン・ブラザーズそのものを押し付けられた。表面は1兆円（100億ドル）だけの救済金（ボロクズ値になった株式を買い支えるかたちで）を、野村は払ったが、本当はその3倍出しただろう。ソロモンは、本社機能はまだ東京に残っているように見せかけている。しかし、その中味はやはり法人営業部門だけで、株式や債券の売買などの小口営業は大きく縮小されている。証券業の専業の三菱UFJ証券も、同じく潰《つぶ》れかかった（本当は潰れていた）⑨モルガン・スタンレーを押し付けられたので、仕方なく合併してモルガン・スタンレーMUFJ証券という新会社になった。

●三菱東京UFJも、みずほも店舗閉鎖

もう一度、前出のP15の一覧表を見てほしい。

日本の三菱東京UFJ銀行（三菱UFJフィナンシャル・グループ）は、「これからの10年間で1万人の人員を削減する」そうだ。おそらく支店（店舗）の数も2割ぐらい減らすだろう。みずほ銀行も3〜4年かけて、2割の支店を減らす予定である。

「MUFG　過去最大の1万人削減検討、10年程度で――関係者」

三菱UFJフィナンシャル・グループ（MUFG）が、今後10年程度で過去最大となる1万人規模の人員削減を検討していることが分かった。超低金利の環境下で収益性が低下する中、金融と情報技術（IT）を融合したフィンテックで業務合理化を進め、店舗の閉鎖や軽量化などによって余剰人員削減につなげる方針だ。MUFGの社員数は世界で約14万7000人おり、その約7％の人員カットとなる。

事情に詳しい複数の関係者が、情報が非公開であることを理由に匿名で明らかにした。削減する1万人には、MUFGの平野信行社長が昨年（2016年）表明した傘下銀行での採用抑制と自然退職などで総合職3500人を減らす計画も含まれている。人員削減は中長期で実施する計画だが、加速させる可能性もある。削減のほか事務合理化で生じた余剰人員は営業職に振り向けていく予定だ。

（ブルームバーグ　2017年6月16日）

日本の３大銀行の業績の推移（2008年～2017年。３月末決算の経常利益）

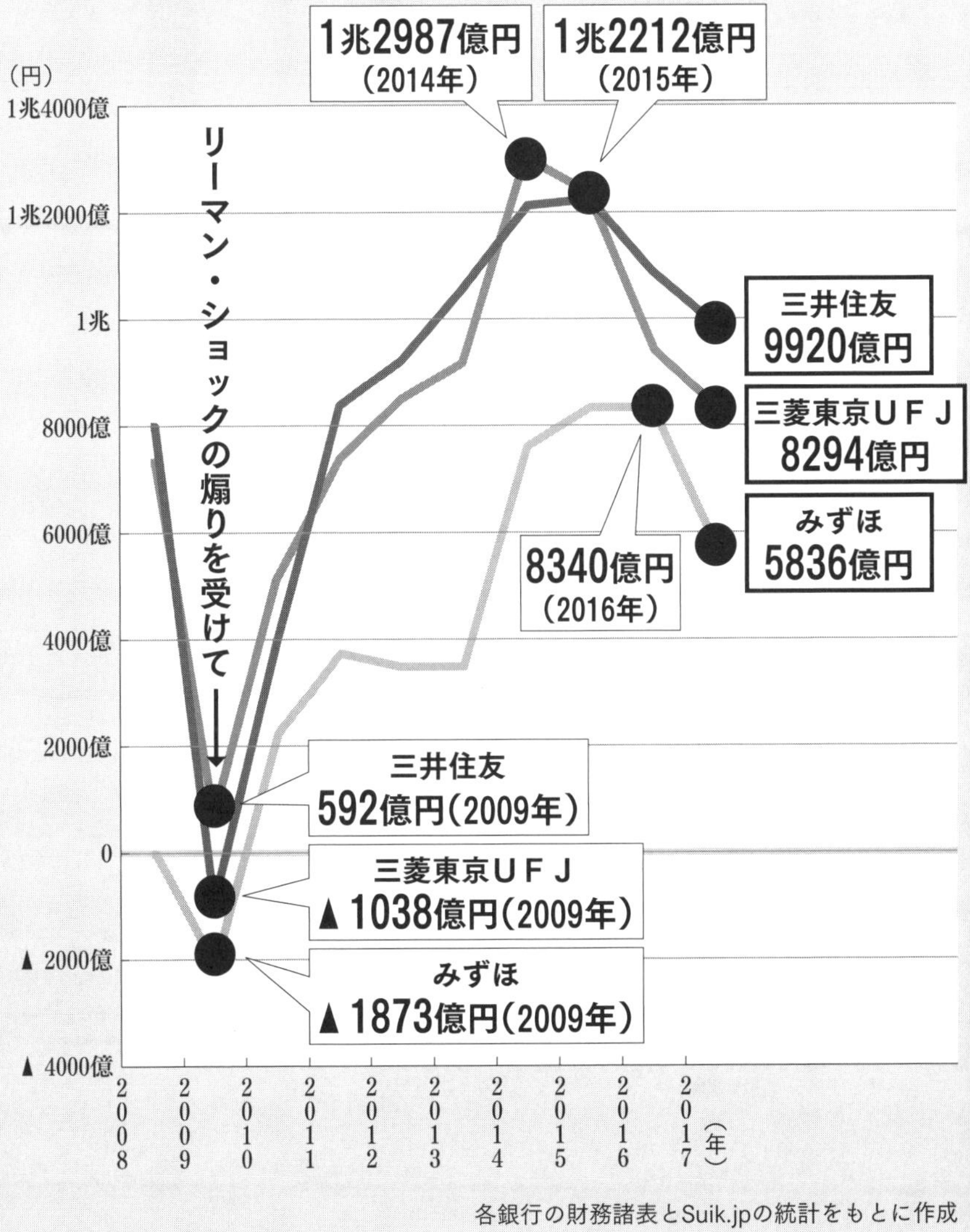

各銀行の財務諸表とSuik.jpの統計をもとに作成

「みずほFG、今後3―4年で1―2割の支店を統廃合=佐藤社長」

みずほフィナンシャルグループの佐藤康博《さとうやすひろ》社長は、5月15日の決算会見で、今後3―4年で、グループの銀行、信託銀行、証券の各支店の統廃合を進め、全体で1―2割の支店を削減する方針を明らかにした。

みずほグループは銀・信・証で合わせて約800支店を全国に展開している。最大150支店程度が減る計算になるが、各業態の支店統合による削減も含まれるとみられる。

（ロイター　2017年5月5日）

このようにものすごい勢いで銀行消滅が起きている。この他に、三井住友銀行も人員の削減を進めている。この5月に三井住友フィナンシャルグループは、中期経営計画（3カ年）を発表した。その中で「店舗のデジタル化と事業の効率化によって、4000人の削減効果が得られる」と言っている。

P29に、三菱東京UFJ、みずほ、三井住友の業績（経常利益）の推移をグラフで示し

日本国債の10年、5年、2年ものの利回り

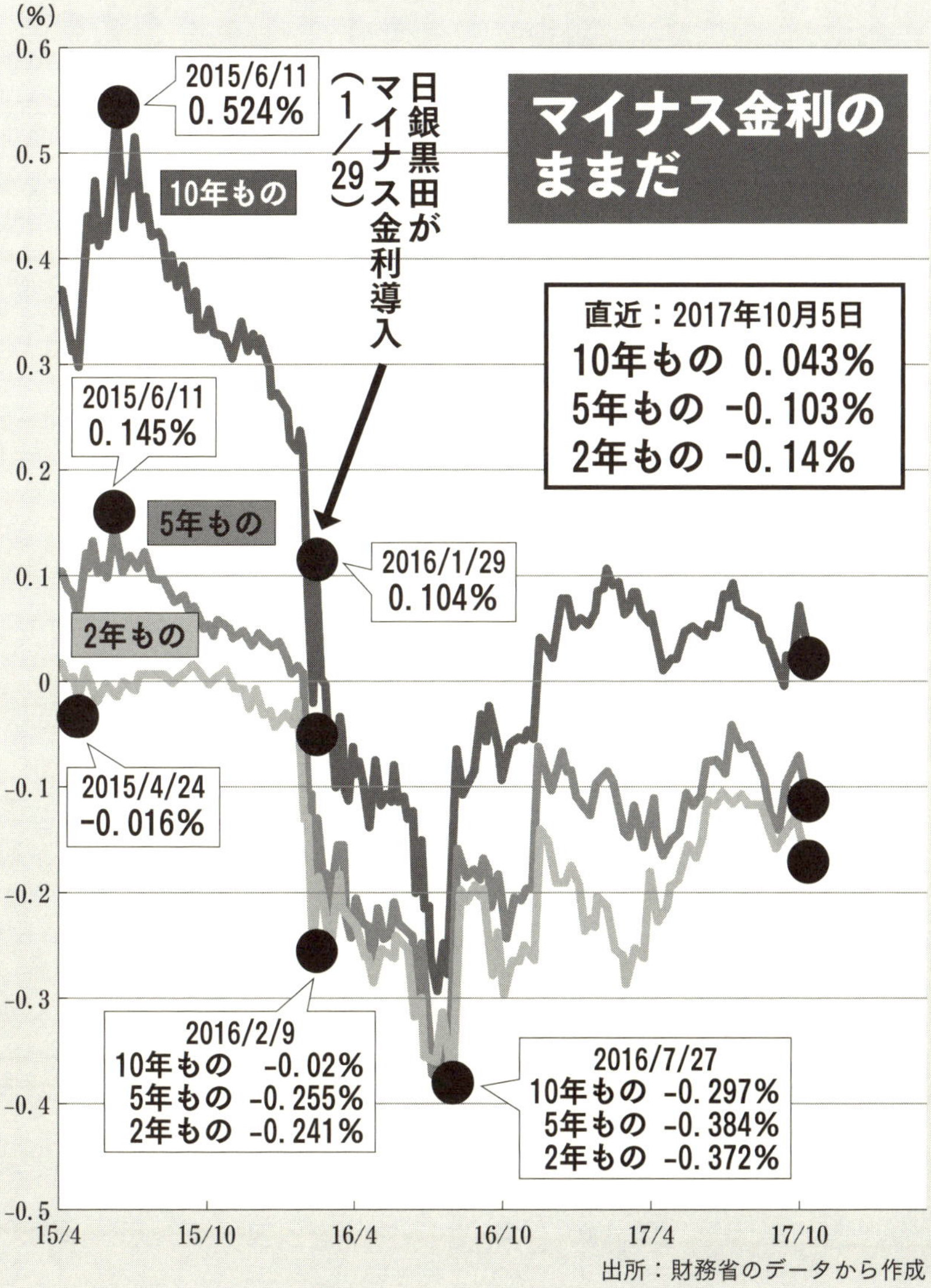

出所：財務省のデータから作成

た。〝リーマン・ショック〟で2009年3月決算が赤字に転落（三井住友だけは、かろうじて黒字を維持した）して青ざめたけれども、どうにか持ち直した。しかし2015年ごろをピークに、ふたたび業績は右肩下がりに転じていることが分かる。このことの原因は、日銀総裁・黒田東彦《くろだはるひこ》の「まだまだやるぞ、マイナス金利」である。この「マイナス金利」で、銀行の収益が軒並《のきな》み圧迫されたことは明らかだ。黒田がマイナス金利の導入を宣言したのは2016年1月29日である。マイナス金利なんかやられたら、銀行の儲け口（収益源）は本当になくなってしまう。こんな〝ゼロ金利〟を通り越したマイナス金利なんかで、どうやって銀行業（金貸し業）が生き延びてゆけるのか、という話なのだ。

●地方銀行は「2県で1行」の時代に

これが地方銀行になると、状況はもっと厳しい。

マイナス金利の「冷え冷え経済」（もう20年も日本はデフレ不況のまま）と、過疎化（地方はどこもシャッター通り）による人口減少で、収益が激減している。証券取引所に上場している地方銀行（持ち株会社の形を含めて）は全国に82行ある。それらの決算報告を見てみると（２０１７年度の第一四半期。４月から6月で）、半分以上の46行が減益もしくは赤字を計上している。

地方銀行は、同県内あるいは隣の県の銀行との経営統合で経営合理化をしている。合併、合併で資産規模を膨らませる一方で、人を減らし、店舗も減らす。

Ｐ15に一覧表で示した。三重県では、四日市市《よっかいちし》の三重銀行と、松阪市《まつさかし》の第三《だいさん》銀行が２０１８年４月に持ち株会社をつくり、２０２０年ごろに合併する。新潟県の第四《だいし》銀行と北越《ほくえつ》銀行も、２０１８年春を目途に持ち株会社をつくる予定だ。第四銀行は新潟で第1位の銀行で、北越銀行は第2位である。合併すると総資産額は8兆円を超え、全国でも第16位の地方銀行になる。

第三とか第四という番号は、１８７２（明治5）年にできた古い銀行法（国立銀行条例）による銀行の番号だから由緒と格式がある。江戸時代には両替商《りょうがえしょう》と言って、大名貸しまで行なっていた豪商たちだ。それが近代銀行に衣替《ころもが》えした。この他に、長野県の八十二銀行、宮城県の七十七銀行、香川県の百十四銀行の名が、各時代の金融恐慌の嵐を越えて今も生き残っているということだ。人も企業も風雨に耐えるということは大切なことだ。

関西では、大阪市の関西アーバン銀行（三井住友系列。昔は関西相互銀行）と近畿大阪銀行（りそな系列）、神戸市のみなと銀行（三井住友系列）の3行が、2018年春には経営統合する。このほか栃木県の足利《あしかが》銀行（北朝鮮への送金取り扱いで1994年に騒がれた）や愛媛県の伊予《いよ》銀行が支店の多くを閉じるなど、銀行の再編と店舗閉鎖がますます進んでゆく。地方銀行の合併が進んで、ひとつの県でひとつの銀行どころか、2つの県でようやく地銀1行になるという様相である。まさしく「銀行消滅」が私たちの目の前に出現している。企業への貸し付けも細っているから、サラリーマン層への住宅ローンをどんどん出して食い繋《つな》ぐという感じだ。国民のほうも、銀行は住宅ローンさえちゃんと貸してくれて生活費の出し入れさえやってもらえればそれでいいよ、という醒《さ》めた関係だ。

こうした地方銀行の現状に対して、長年ライバルのはずの郵便局（日本郵政。ゆうちょ銀行）が、救済とは言わないけれども、窮状《きゅうじょう》にある銀行と連携する動きが出てきた。

郵便局は全国に24000個ぐらいある。どんな片田舎の寒村にもある簡易郵便局を入れて、だ。そこでは、近所のおばさんが一人で郵便物と預金の帳簿処理、仕分けをしている。このどこにでもある、離島にもある郵便局と提携して、地方銀行に口座を持っている人が諸手続きのできる窓口を開く。あるいは閉鎖した銀行の支店にあったATM（現金自

銀行の店舗消滅は「コンビニ決済」で起きつつある

コンビニでおなじみの銀行ＡＴＭ。

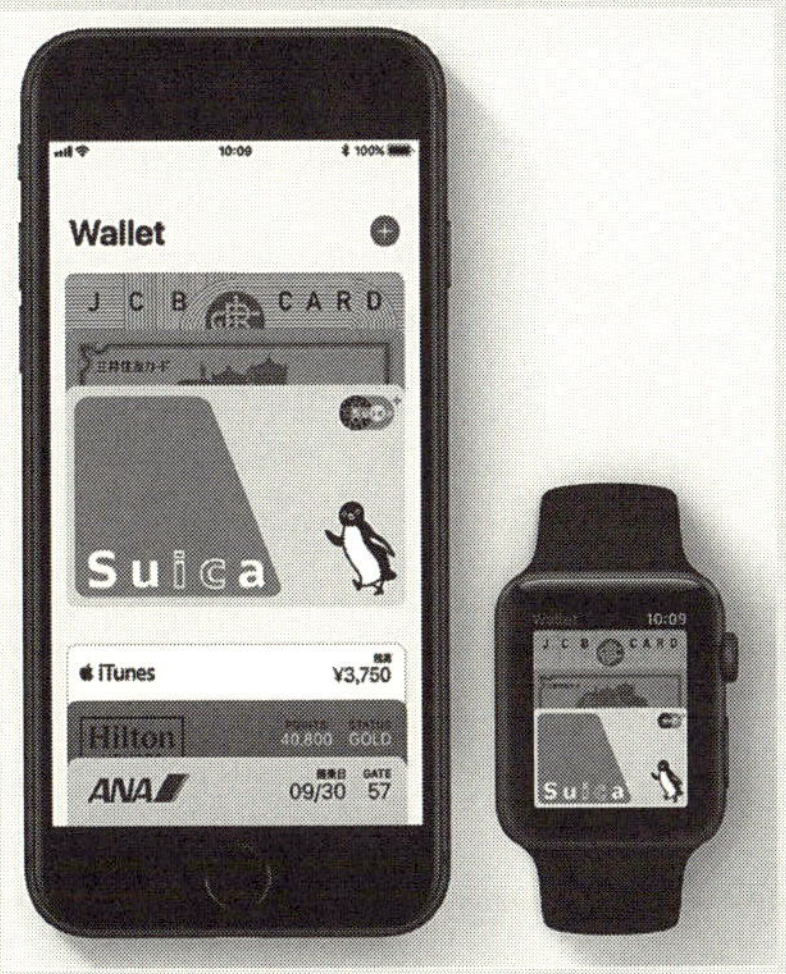

Apple Pay（アップルペイ）などの「モバイル決済」、「スマホ決済」で、非接触型決済も始まった。

◀ Apple Payのウエブサイトから

の系列と銀行ATM

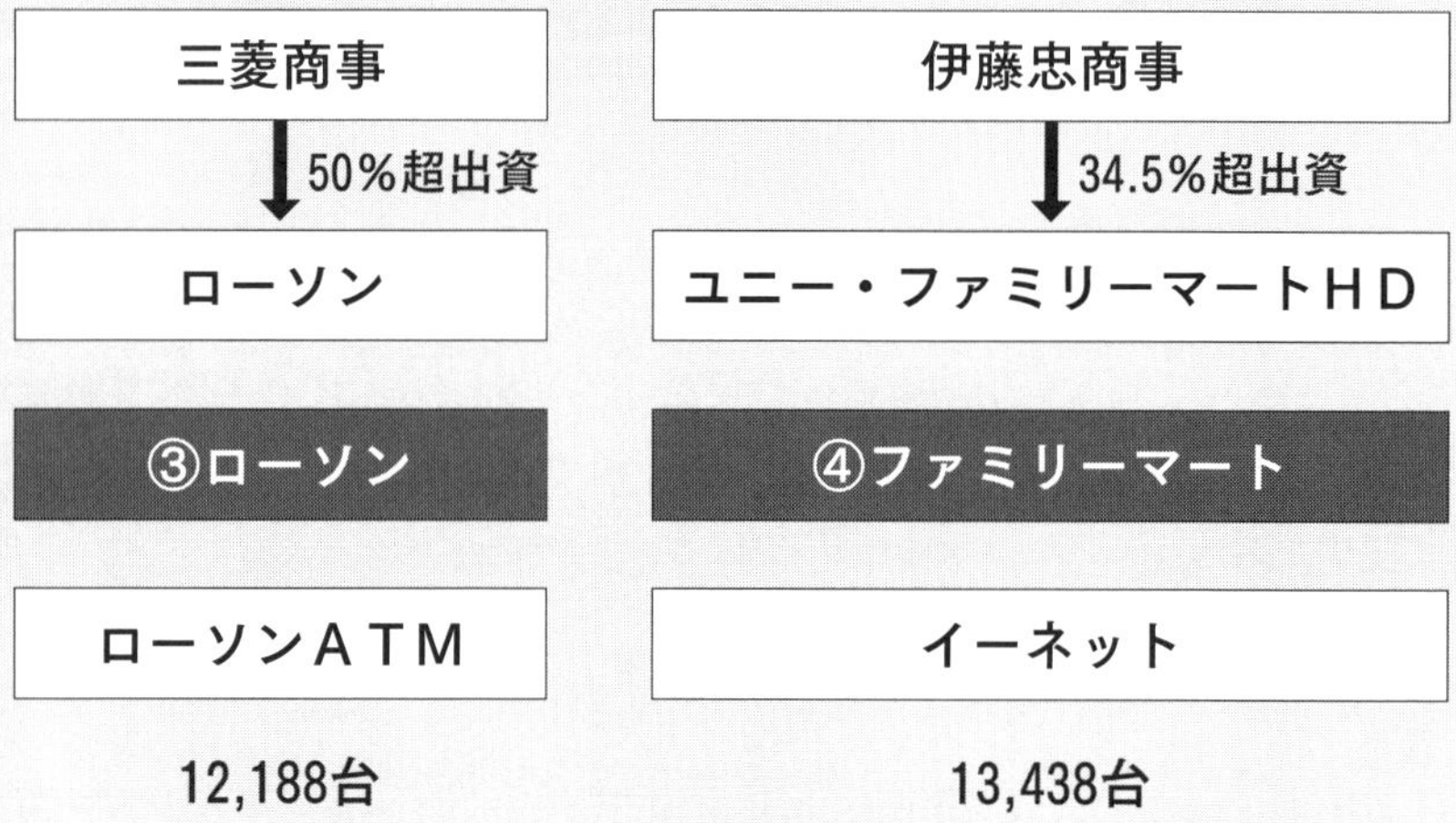

動預け払い機。Automated Teller Machine）を郵便局に移設するなどの〝共同乗り入れ〟が始まっている。

●コンビニが銀行になっている

「銀行が消滅する」理由は、P35の写真にもあるように、銀行の支店で行なわれているお金の扱いの窓口が不要になりつつあるからだ。今では、当たり前のこととして銀行ATMがコンビニに置かれている。P17で述べたとおり、「コンビニ決済」である。店舗の規模にもよるだろうが、レジでの決済以外にコンビニのATMで引き出し、振り込み、キャッシングができる。まさに〝コンビニ銀行〟

代表的な4大コンビニ

商社	三井物産	三菱商事
	↓ 1.8％出資	↓ 4.8％出資
親会社	セブン＆アイＨＤ	イオン
コンビニ名	①セブン‐イレブン	②ミニストップ
銀行・ＡＴＭ	セブン銀行	イオン銀行
ＡＴＭの台数（2017年９月）	23,841台	5,900台以上

だ。

　日本のコンビニは、１９７０年代からの半世紀近い歴史がある（日本のコンビニ１号店は、１９７１年にココストアが愛知県春日井《かすがい》市にオープンしている）。１９７４年にセブン（アンド）イレブンの第１号店が東京の埋め立て地の豊洲《とよす》に開業した。あの鈴木敏文《すずきとしふみ》がセブン‐イレブンをアメリカから持ってきて、日本で提携会社を設立して専務取締役に就任した。この50年の間に親会社が変わったり、吸収・合併を繰り返すなど、栄枯盛衰があった。現在は４社の主要なコンビニとなって全国にチェーン展開している。４社とは、**①セブン‐イレブン、②ミニストップ（イオン）、③ローソン④ファミリーマート**である。この他、北海道のセイコーマートなど、地方で地盤を築くコンビニもある。
①のセブン‐イレブンはイトーヨーカ堂が始めた。②のミニストップは、ジャスコ（今のイオン）の100％出資で出発した。③のローソンは中内㓛《なかうちいさお》氏のダイエーが始めた。④のファミリーマートは西友（西武グループ）である。ファミリーマート（ファミマ）は、元は共同石油がつくったエーエム・ピーエムと、長崎屋のサンクス、ユニーのサークルKが糾合《きゆうごう》して今の「ファミマ」になった。
4社ともに、総合商社が資本参加している。①セブン‐イレブンは三井物産（出資比率1・8％）、③ローソンは三菱商事（50％超）、④ファミリーマート（ユニー・ファミリーマートホールディングス）は伊藤忠商事（34・5％）、②ミニストップの親会社であるイオンにも三菱商事が4・8％出資している。だから今、秘かに三菱商事が③のローソンと②のミニストップの合併を密かに進めていると噂されているのだ。大いにあり得る話だ。どんな業種でも寡占《かせん》が進むと、4つは要らない。3つでいい、となる。

コンビニ店舗は、この4つを足すと5・5万個だ。全国で6万個あると言われている。この6万店は、歯科医院が全国に6万個あって、コンビニと同じ過当競争になっていて、歯医者の腕が悪くて評判の悪い歯科医院は潰れてしまうのだ、と自分たちで言い合ってい

コンビニＡＴＭだけが右肩上がり

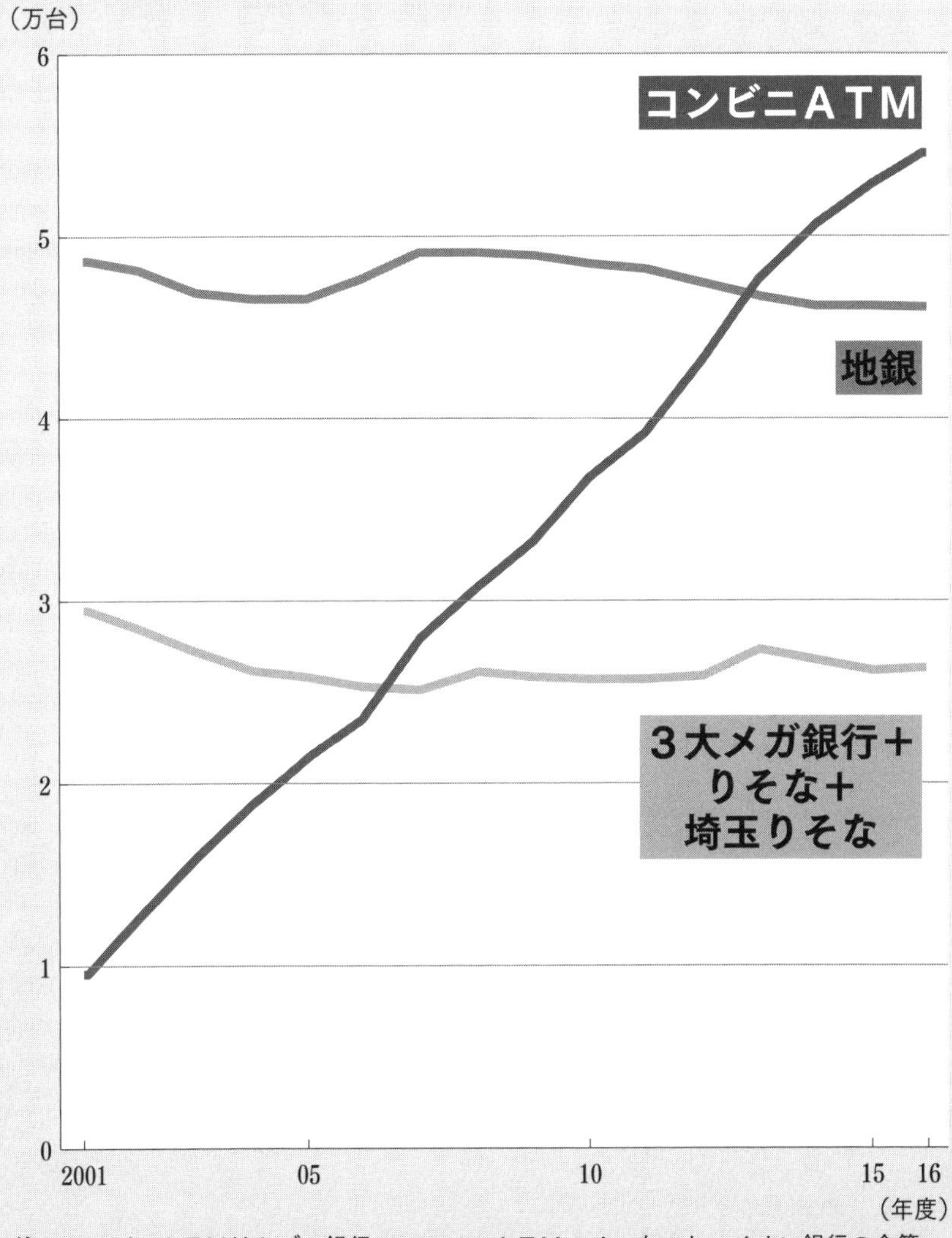

注・コンビニＡＴＭはセブン銀行、ローソンＡＴＭ、イーネット、イオン銀行の合算

出所：日本経済新聞（2017年９月７日付）を参考に作成

るのに似ている。これは本当の話で、市場での競争（客の奪い合い）というものは、そういうものだ。

これらのコンビニのうち、2つは銀行業の免許を取得して自前の銀行を設立した。それが**①セブン‐イレブンのセブン銀行と、②のミニストップのイオン銀行**である。ここでは預金口座の開設から、カード・ローン業務までも行なうことができる。だからまさしくコンビニ銀行なのである。

銀行免許を持たない③ローソン（昔ダイエーが始めた）のATMは、系列としては三菱東京UFJであるためか、全国79の銀行（都市銀行と地方銀行の合計）のすべて及びネット銀行や信託銀行、信用金庫、信用組合と提携して送金や引き出しができるので、利便性（使い勝手の良さ）で強力になっている。今は〝ローソン銀行〟を準備中である。

④のファミリーマートは、「イーネット」というコンピュータに強い会社がATMを全般的に管理している。この会社は三菱東京UFJ、三井住友、みずほ、りそなをはじめとする都市銀行と39の地方銀行に加え、日本生命、ニッセイ・リースなど、合計66社の出資で共同運営される、特にATMの業務に特化した企業だ。このようにコンビニの金融化が急速に進んだのである。その分、旧態依然《きゅうたいいぜん》たる、まるでお役所仕事のような（そうだ、

まさしく役所の下請けだ）銀行の窓口業務は、衰退してしまったのである。

“手数料競争”が始まった

コンビニに行けば、銀行ATMであらゆる用が足せる。画面を見ながら送金も支払いもできる。コンビニには、ATM以外の決済機能がある。たとえばローソンに行くと、「ロッピー」（Loppi）というかわいらしい名前の端末機が置いてある。これはインターネットで購入しておいた商品あるいはサービスを受け取って、かつ代金支払をレジで済ませるための装置だ。

コンサートや飛行機のチケットをネットで予約し、その番号を「ロッピー」の画面の指示にしたがって入力する。すると、ジジジジ……とレシートのような紙が出てくる。それを持ってレジに行き、お金を払えば決済が完了する。この仕組みは、ウェルネットとかペイジェントという名前の決済代行会社のデジタル技術によるものだ。

「決済」は「ペイメント」payment（支払い）であるが、専門用語では「セツルメント」settlement と言う。代金の決済や公共料金の支払いは、全部コンビニでできるようになった。少し複雑な送金業務はまだ銀行に行かなければならない。しかし、コンビニ決済は、これからもっともっと増えてゆく。日本経済新聞の記事を載せる。これが私たちの生活に一番密着した金融・経済の今の姿である。投資や融資や、マネー・ゲーム、金融商品《フィナンシャルプロダクト》などのお金の世界の基礎土台のところで、このような大きな変化が起きていたのである。

銀行ATM今やお荷物　都銀、15年で1割減　コスト高でコンビニ系に転換

銀行が提供する機能の中で、顧客になじみ深いサービスであるのがＡＴＭだ。手軽にお金が下ろせる利便性は、現金決済比率の高い日本で顧客を囲い込む手段として位置づけられてきた。しかし今やコンビニエンスストアや駅ナカなどに新規参入ＡＴＭが急増。コスト削減のために自前のＡＴＭ網をなくしたり縮小したりする銀行が増えている。

松江市のＪＲ松江駅。２月に新築した島根銀行の本店に、これまでなかったセブン銀行のＡＴＭがひっそりと置かれた。増える訪日外国人客が使う外国銀行カード（「銀聯《ぎんれん》カード」）への対応を求められるようになったためだ。銀行が自前のＡＴＭの

システムを変更するには「億単位の費用」（関係者）がかかる。常陽銀行もセブン銀のATMをこのほど茨城県内に2台配置した。

支店や周辺に自社の代わりにセブン銀のATMを置く地方銀行はここ2年でじわりと増え始め、約20行にのぼる。地銀だけではない。新生銀行は、6月下旬、大手銀行で初めて自前のATMをゼロにした。全てセブン銀に置き換えた。

国内ATMは1970年代後半に登場した。銀行のサービスのよさや利便性の高さを示すものとして、タッチパネルの採用、振り込み取引、通帳発行と機能をどんどん増やしてきた。だがここにきてそのATMを手放そうとする銀行が目立つのだ。

背景にあるのはコンビニATMの急増だ。2001年以降、コンビニATMは右肩上がりで増え、わずか15年間で約5万5千台になった。一方、メガバンク（3大銀行）と、りそなグループ傘下2行を含む都市銀行の台数は同期間に1割減り地銀も5%減った。


（日本経済新聞　2017年9月8日）

この記事にあるように、コンビニATMが銀行を凌駕《りょうが》し、駆逐《くちく》しつつあるのである。殿様商売をやって、お高くとまってきた銀行が、庶民の生活必需品を扱うコンビニネットワークの前に敗れつつあるのだ。

コンビニATMの収益源は、その手数料である。1回たった108円の取り扱い手数料でも、溜《た》まったらバカにならない。コンビニは24時間営業していて、どんな辺鄙《へんぴ》な田舎《いなか》にまでコンビニはある。今やさすがにシステムを稼働させ過ぎて疲労《ひろう》してきた。北海道の農村とかは、郵便配達と新聞と、コンビニと宅配便（本の配達も含まれる）が、もうまとめて1日1台の車で済ませましょう、となるだろう。現になりつつある。10万円とかの生活費を下ろしたり、簡単な用事はコンビニATMで済ますことができる。内部では、きっとこの手数料の奪い合いになっている。コンビニ対銀行、コンビニ対コンビニで、今度は、この手数料を巡る激しい競争が生まれている。

そして、今やその次の世界が現われつつある。インターネット上に、送金手数料なんか要らない、求めない、奇怪な、ビットコイン Bitcoin などの仮想通貨《クリプト・カレンシー》なる奇妙奇天烈《きみょうきてれつ》なサイバー・マネーが出現したのである。それは、もう「コンビニ決済」や「スマホ決済」を確実に超えてきた。そのことは第3章で論じる。

●ポイントカードがクレジットカードに

ヨドバシカメラとかルミネとかの大手の小売業だけでなく、コンビニ各社もポイントカードを発行している。昔、ブルーチップ（買い物ごとに小さな冊子にスタンプが押され、貯まると一定額の買い物ができる仕組み）があった。もともとは顧客を囲い込むためのクーポンだった。ポイントカードはヨドバシカメラで家電製品を買えば、代金に応じてポイントがつく。そのポイントは次の買い物で使える。換金はできない。

コンビニのポイントカードは、①セブン-イレブンが「ナナコ」（nanaco）、②ミニストップ（イオン）は「ワオン」（WAON）、③ローソンは「ポンタ」（Ponta）、④ファミリーマートが「Tポイントカード」である。ニャンコやワンコやタヌキのような名前になってしまう。

私たちがコンビニで買い物をすると、レジで「ポイントカードをお持ちですか?」と聞かれる。カードを出せばポイントがつく。だいたい100円分買うと1ポイントである。これを「還元率1％」（100に対して1だから）と言う。

ポイントカードには、そのまま電子マネーとして使えるものがある。電子《デジタル》マネーは、あらかじめお金を入れて（チャージして）使う。これをプリペイド方式と言う。反対に、買い物のあとで代金が引き落とされるのはポストペイ方式である。現金取引ではなくて、ポイントカードが決済手段になっている。電子マネーで買い物をしても当然、ポイントがつく。

本当はポイント還元よりも、利子（利息）を1％で付けたいのである。しかし出資法《しゅっしほう》という法律で、お金の動きには規制があるからポイント制にしてあるのだ。スーパーやコンビニを銀行（金貸し業）にさせたくないのだ。

現在は、まだ「クレジットカード決済」が主流である。国際ブランドと言って、世界的に通用するカード会社は、①ビザ（VISA）、②アメックス（AMEX American Express）、③マスターカード（Mastercard）、④JCB、⑤ダイナースクラブ（Diners Club）の5つである。⑤のダイナースは一時、潰《つぶ》れかかったが、今は元気になっている。このほかに中国の中央銀行である中国人民銀行が開発した銀聯《ぎんれん》カード（Union Pay《ユニオンペイ》）がものすごい勢いで伸びており、国際ブランドに成長しつつある。

このクレジットカード機能が、コンビニのポイントカードと合体した（紐《ひも》づけされ

クレジットカードが紐づけされている

セブンカード・プラス

ナナコ（nanaco）と一体型のクレジットカード。ＶＩＳＡ、ＪＣＢと提携。このカードをセブン‐イレブン、イトーヨーカドーで使うと、200円で３ポイントがつく。年会費は初年度無料。年間５万円以上使えば、次の年も無料になる。

イオンカード

ＶＩＳＡ、Mastercard、ＪＣＢと提携。毎月20日、30日にミニストップ、ジャスコ、マックスバリュなどで買い物をすると、５％ＯＦＦ。また毎月10日にクレジットカードを利用でポイントが２倍になる。入会金、年会費は無料。

ローソンPontaカード

ＶＩＳＡと提携している。このカードをローソンで使うと、100円につき１ポイントがつく。ＶＩＳＡの加盟店でなら、1000円で５ポイントである。入会金、年会費、カード発行手数料は、すべて無料になっている。

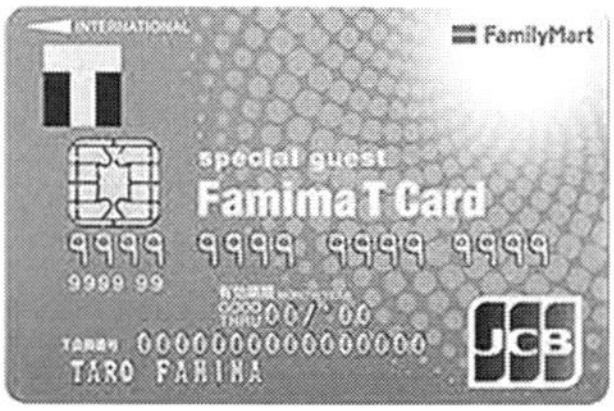

ファミマＴカード

ＪＣＢと提携している。このカードをファミリーマートで使うと、100円でＴポイントが１ポイントつく。このポイントはＴＳＵＴＡＹＡなどのＴポイント提携店で、１ポイント１円として使える。入会金、年会費は無料。

た）。コンビニ以外の業態でも、クレジット機能つきのカードをどんどん発行している。あなたの財布のカード入れにあるポイントカードに、クレジットカードのマーク（ロゴ）が勝手にベタベタくっついている。クレジット会社は加盟店から利用者手数料を取れればいい。だから、何でもかんでも各種ポイントカードと提携して、間口を拡大するのである。

このようなクレジット機能つきの、コンビニのポイントカードは、「コンビニクレジットカード」と呼ばれる。

①セブン‐イレブンなら「セブンカード・プラス」、②ミニストップ（イオン）は「イオンカード」、③ローソンが「ローソンＰｏｎｔａカード」、④ファミリーマートが「ファミマＴカード」という名前だ。

クレジットカードはキャッシングができるから、コンビニのＡＴＭで画面にしたがって入力すれば現金が出てくる。ただしキャッシングは金利が高い（年率18・９％）。使って「こんなに取られるのか」と、騙《だま》された、と気づいた人たちが敬遠している。

キャッシングで日本人に身近なのは、消費者金融業者（サラ金）である。１９９０年代に派手なテレビコマーシャルをガンガン流していた。電通《でんつう》がテレビ局各社の社長たちとサラ金コマーシャルを押し通したのだ。サラ金は当時、年率40・０００４％まで利息を取っていた。「むじんくん」という無人の貸出機が登場して、国民に借りやすくした。日本人の８人に１人（未成年を除く）がサラ金を利用した経験があるという統計発表がある。

今はサラ金業者は叩き潰されて、大銀行が乗っ取っている（２００６年の利息制限法の改正で）。以下のように、大手のサラ金は武富士《たけふじ》とアイフル以外は、大銀行の系列に入った。

①　三菱東京ＵＦＪ系――アコム
②　三井住友系――プロミス、モビット
③　新生銀行系――レイク

なぜ銀行がサラ金を傘下に収めたか。それはキャッシングが儲かるからだ。２００６年の利息制限法の大改正で、１００万円借りると金利の上限は年率15％。１００万円未満から10万円までが18％。10万円未満なら20％が限度と頭打ちされた。それ以上を取ると違法となって、刑事罰の対象とした。それでも銀行にとっては15％の高利（ユーザリー usury）で大変な収益源である。それが前記の「カード・ローン」のコンビニ・キャッシングになった。

●「非接触型」（コンタクトレス）の決済とは何か

「コンビニ決済」に追い打ちをかけるように、「モバイル決済」が始まった。「スマホ決済」と言ってもよい。アップル社Appleが、**「アップルペイ」Apple Pay**という仕組み（P35の写真）で始めた。それはスマートフォン（スマホ）の「iPhone（アイフォン）7シリーズ」から始まった。その後、通信技術が発達して急激に伸びている。

アップルペイは、アプリ application のソフトをダウンロードすることでクレジットカードを登録（紐づけ）できる。カードをスキャンするか、手で認証番号などを入力すれば、自分のスマホ（iPhone）にクレジットカード情報が登録される。これを使って決済するのが「非接触型決済」（コンタクトレスペイメント　contactless payment）である。お店にある「リーダー」という端末に、アップルペイの画面をかざすだけで、決済

（支払い、送金）が完了する。アップルは、この「非接触型《コンタクトレス》」を売り文句にアップルペイを伸ばした。対抗するグーグル Google のほうは、**「アンドロイドペイ」Android Pay** である。アンドロイドペイが昨年末、日本に上陸した。新聞記事を載せる。

グーグルのスマホ決済「アンドロイドペイ」日本で開始　楽天Ｅｄｙ用45万カ所で対応

米グーグルは、12月13日、同社の基本ソフト（ＯＳ）「アンドロイド」搭載スマートフォン向け決済サービス「アンドロイドペイ」の国内提供を開始した。当初は電子マネー「楽天Ｅｄｙ（エディ）」用の端末のみの対応だが、それでも全国のコンビニや飲食店など約47万カ所で使えるという。

来年（２０１７年）には、自社アプリでスマホ決済を提供している電子マネーもアンドロイドペイで一括して利用できるようになる見通し。米アップルもすでに10月からスマホ決済「アップルペイ」を始めており、２大勢力のサービス開始で、スマホ決済は来年以降、さらに広がりそうだ。

アンドロイドペイは、２０１５年9月に米国でサービスを開始して以降、海外展開を進めており、日本は9カ国目。アプリをスマホにインストールすると、各種、電子マネーの追加や飲食店のポイントカード機能の追加などができる。

エディをアンドロイドペイ・アプリに追加すると、登録したクレジットカードでエディへの入金や利用履歴などが確認できる。また、飲食店などのポイントカードに記載されたバーコードを読み取ることで、ポイントカード機能をアプリに取り込むことも可能だ。

アンドロイドペイのエディでは、残金が一定額を下回ると自動で入金するサービスが利用できないなど、専用アプリと機能面での差別化を図る。

（産経新聞　２０１６年12月13日）


この非接触型決済「モバイル決済」は、本当は日本のＮＴＴドコモが世界に先駆けて開発したものである。それが、あの「おサイフケータイ」である。ｉモードと一緒に発達してきたのだが、今は世界競争に少し遅れて負けている。日本の金融庁（財務省）が「おサイフケータイ」に貸《か》し金《がね》（クレジット）機能を許さなかったからだ。

「交通系（鉄道系）」と呼ばれるカードの発達も激しい。ＪＲ東日本のＳｕｉｃａ（スイカ）と、関東の私鉄系のＰＡＳＭＯ（パスモ）が２大勢力である。２つとも電子《デジタル》マネーのかたちで始まった。
この２つは、２０１３年３月から相互利用ができるようになった。Ｓｕｉｃａで私鉄に乗れるし、ＰＡＳＭＯでもＪＲに乗れる。ただ、大都市では鉄道路線網は複雑に乗り入れており、鉄道会社が異なる複数の路線を、１枚の交通系カードで長く乗れるようになると、各鉄道会社は乗客の運賃（料金）を分け合わなければならない。鉄道運賃は基本的に降りる駅の出口で決済する。その間の支払いを分け合わなければいけない。だからどうしても計算が複雑になってしまう。

だから交通系カードは、高額なお金は中に入れられない（チャージできない）運命を背負っていた。ＳｕｉｃａもＰＡＳＭＯも、上限は２万円である。

ところが交通系の電子マネーカードも、クレジットカードと提携するようになった。事実上、クレジットカードの限度額までは使える。ただし、これは交通系カードにクレジットの機能がついたのではなく、各種クレジットカードが、ＳｕｉｃａやＰＡＳＭＯを〝搭載〟したかたちになっている。ここがコンビニのカードとは違うところだ。

ＪＲ東日本の「ビュー・スイカカード」（View Suica）、東武鉄道の「東京スカイツリー東武カードPASMO」、東京メトロの「トゥ・ミー・カード・プライムPASMO」（To Me CARD Prime PASMO）が代表的である。東京メトロと全日空が手を組んだ「ソラチカカード」まで出ている。

これで駅の周り、駅の近く、あるいは駅内の店舗（エキナカ）でもSuicaやPASMOをそのまま使えるようになった。決済（支払い）手段としての機能を持った。

●銀行どころか証券会社も不要になる

ではこれから先、コンビニ決済、スマホ決済（モバイル決済）、交通系カード決済に続いて何が伸びるか。これは「フィンテック」Fintech（financial technology）という問題にかかわってくる。P172以下で述べる。

手数料競争が本当に激しくなって、銀行の店舗は、ますます激減するだろう。通信のフル・デジタル技術で金融取引の効率化がものすごく進んだ。住宅ローンの審査もパッケージ化されている。これは、言ってしまえばパソコンはどこのメーカーのものを買っても同じであり、中身も、部品も、形も、デザインもそっくりになってしまうことと似ている。

〝世界統一基準〟が不可避に進んで、お金《マネー》も動かされる時代が来ることが予想される。

今の銀行業は、大手4行《メガバンク》（東京三菱、三井住友、みずほ、りそな）の間で競争しているように見える。けれども、これら大銀行すら消滅する時代が来るかもしれない。銀行が消えていくのだ。

それでも銀行は「与信」（クレジット　credit　）という機能を持っている。つまり融資である。銀行は相手に「信用」を「供与」して、資金を貸し付ける。すなわち金融業は「信用《クレジット》」というコトバの別名なのだ。だから銀行は、住宅ローンの貸付けを守ればいい。

何ごとも信用を失くしたら、おしまいである。人間もそうだ。たとえば日本の1万円札が1万円で通用するのは、国家の信用があるからだ。信用が衰《おとろ》えたら、国民は「こんな1万円札なんてない」と言ってお札を紙くず扱いするだろう。国家（政府）がやることは偉いのだ、と言っても、それはみんなの信用に基《もと》づく。銀行が立派な建物に入っているのは、この信用を守るためである。でも今はもう建物という見かけの時代ではない。

インターネットとＩＴ技術の高度の発達があったので、ここまでモバイル決済が進化して、お金の決済が超《ちょう》簡単にできるようになった。

中国では、このモバイル決済がさらに急激に進んでいる。個人認証《こじんにんしょう》が日本よりも強力なので、即座に決済できるようになっている。ジャック・マー（馬雲 Jack Ma）が創業したアリババ（阿里巴巴集団）という会社が始めた**「アリペイ」Alipay** である。決済のスピードがものすごく速い。私たちが驚くぐらい、支払いが簡単にできる。ここでも、もう中国に追い抜かれたのだ。

「スマホ決済、サービス創出」

中国ではスマートフォン（スマホ）を使った電子決済サービスが急速に普及した。アリババ集団の「支付宝（アリペイ）」の利用者は4億人に達した。騰訊控股（テンセント）の「微信支付（ウィーチャットペイ）」は7億人にのぼる。スマホ決済は中国の消費者にとって不可欠な「生活インフラ」となっている。

中国の調査会社によると、2016年4〜6月のスマホ決済の利用総額は、前年同期比17％増の22兆元（約370兆円）だ。コンビニエンスストアでの支払いや電気など公共料金の振り込みだけでなく、友人間でのお金のやり取りや屋台での支払いなど

超高速決済で躍進する中国の「アリペイ」

写真：Avalon（上） Imagechina（下）/時事通信フォト

アリババ・グループの非接触型決済システム「アリペイ」は、顔による個人認証や決済スピードの速さで世界に普及しつつある。また、子会社の「アント・フィナンシャル」を使って金融サービスも始めた。下の画面にある蟻の絵がアント社のロゴである。

幅広い生活シーンに浸透している。（略）

1元単位のお金のやり取りを可能にするスマホ決済は、新しいビジネスやサービスが続々と生まれるプラットフォームにもなっている。ベンチャー企業が新しいサービスを始める際、多くの利用者から料金を徴収することが容易になるためだ。

シェア（共有）自転車の「モバイク」や「外売（ワイマイ）」と呼ばれる出前サービスが急速に広がった。これも、スマホ決済が先に普及していた影響が大きい。最近では傘のシェアサービスや、自動販売機のような機械でスマホの充電器を時間貸しするといった新しいビジネスが続々と登場している。（略）

中国のスマホ決済には影の部分もある。身分証番号や銀行カードなど個人情報とひも付いており、購買履歴などスマホ決済の利用データが政府機関や公安当局の管理下にあるとみられるからだ。

中国の消費者は現状では、個人情報の保護にそれほど敏感ではない。ただ中国発のスマホ決済は、日本など海外でもユーザー獲得を狙っており、先進国でのビジネス展開では個人情報の保護が課題になる。

（日本経済新聞　２０１７年９月27日）

共産主義《コミュニズム》の中国は銀行の発達が遅れた。クレジットカードもなかった。電話機さえ80年代まで、まともになかった。その分、銀行業という機能をすっ飛ばして、モバイル（スマホ会社）そのものが銀行の役割を果たすようになったのだ。簡単に支払いの決済ができる。個人認証がしっかりして、支払うほうも受け取るほうも両方が満足できればトラブルにならない。詐欺や泥棒や、情報ハッキングから守られていれば、世の中は安定する。あとは物流《ぶつりゅう》（実物経済《じつぶつ》）の問題だけだ。一言で言うと、店舗が要《い》らなくなった。インターネット上の広告（店舗）を見て、洋服でも電気製品でも、その他雑貨でも、画面をクリックして買える。日本では、まだクレジットカードの画面に行かなければ決済できない。中国では直接アリババが自分で決済を行なう。あとは商品をトラックが配達するだけだ。こんな時代が来ている。日本も早くそこに追いつかなければいけない状況が生まれている。

このアリペイはメモリにお金を貯蓄できる。そこに金利がつくという機能がある。いよいよ銀行機能を果たすようになったのだ。その口座から株式などの投資商品も買えるようである。だから証券会社の機能も果たしてしまっている。だから銀行どころか証券会社も要らないという時代が、私たちの目の前に来ているのである。

2

朝鮮半島有事と
これからの個人資産の守り方

●〝第2次朝鮮戦争〟は2018年4月に起きる。1カ月で終了する

この章では、北朝鮮の核ミサイルの問題について書く。北朝鮮は、今年に入って9月までに、なんと14回のミサイル発射実験をした。6回目の核実験もした（9月3日）。これに一番怒ったのは中国（習近平《しゅうきんぺい》）だ。「もう許さん」という感じだ。ICBM（大陸間弾道ミサイル Intercontinental Ballistic Missile ）が日本の上空を飛んだときには、日本政府のJ《ジェイ》アラート（全国瞬時警報システム）が稼動した。東北地方では「ただちに避難してください」の警報が鳴った。

北朝鮮とアメリカ及び中国の間で緊張状態がずっと続いている。

「米軍のB1爆撃機、北朝鮮東方沖を飛行　トランプ氏が李外相の演説にツイッターで非難」

米国防総省は9月23日、グアムのアンダーセン空軍基地に配備されているB1B《ビーワンビー》戦略爆撃機2機が、北朝鮮東方沖の国際空域を飛行したと発表した。今世紀に入ってか

北朝鮮のミサイル発射と核実験（2017年）

①	2月12日	安倍晋三首相が訪米中に、中距離弾道ミサイル（ムスダン）を日本海に向けて発射。
②	3月6日	スカッド型ミサイル４発を発射。このうち３発は秋田県沖の日本の排他的経済水域（ＥＥＺ）に落下した。
③	4月5日	米中首脳会談の前日にあたるこの日、中距離弾道ミサイル「北極星２型」を発射。
④	4月16日	ミサイル１発を発射したが、すぐに爆発して失敗。
⑤	4月29日	ミサイル発射後、高度70キロぐらいで爆発（わざと爆破したという説もある）。
⑥	5月14日	「火星12」と見られる弾道ミサイルを発射。ロフテッド軌道で高度2000キロを超えたとされる。
⑦	5月21日	「北極星２」を発射。500キロ飛行し、日本海に落下した。
⑧	5月29日	スカッド型ミサイル１発を発射。日本の排他的経済水域（ＥＥＺ）に落下した。
⑨	6月8日	数発の地対艦巡航ミサイルを発射。北朝鮮政府は「海面ギリギリを飛ぶ新型ミサイルの実験に成功」と発表。
⑩	7月4日	アメリカの独立記念日。大陸間弾道ミサイル（ＩＣＢＭ）の「火星14」を発射。秋田県沖の日本のＥＥＺ内に落下した。
⑪	7月28日	深夜に「火星14」を発射。積丹半島の西200キロの付近に落下した。朝鮮中央通信は「アメリカ本土全域が射程内」と報道。
⑫	8月26日	短距離弾道ミサイル３発を日本海に向けて発射。米韓合同軍事演習への牽制とされる。
⑬	8月29日	平壌郊外から「火星12」を発射。日本上空を通過して、襟裳岬の東の太平洋上に落下した。
⑭	9月3日	2016年９月９日以来の地下核実験を実施。北朝鮮の核実験は、これで６回目となった。
⑮	9月15日	８月29日と同様に、平壌郊外から弾道ミサイル１発を発射。北海道上空を通過して、襟裳岬の東2000キロ付近に落下。最高高度は750キロとされる。

新聞各紙の報道と、ichiranya.comなどのウェブサイトをもとに作成

らの米軍機の飛行では、南北の軍事境界線を越えて最も北方まで進入した。「米本土への先制軍事攻撃」に言及した北朝鮮の李容浩（リ・ヨンホ）外相の国連総会での演説などを受け、米軍がいつでも報復的軍事行動を取る用意があることを誇示する狙いがある。

　トランプ米大統領も９月23日、李外相の演説に関し、ツイッターで「彼がチビのロケットマン little Rocket Man（金正恩《キムジョンウン》朝鮮労働党委員長）の考えに同調しているのであれば両者とも遠からず姿を消すことになるだろう」と述べ、北朝鮮が先制攻撃に踏み切った場合は金体制を崩壊させる構えを打ち出した。

　今回の飛行では、沖縄に配備されている米空軍のＦ《エフ》15Ｃ《シー》戦闘機がＢ１を護衛。こうした飛行は、北朝鮮有事《ゆうじ》の際に、グアムからＢ１を北朝鮮上空に急派させ、搭載の爆弾や衛星利用測位システム（ＧＰＳ）搭載の衛星誘導爆弾（ＪＤＡＭ《ジェイディエイエム》）で北朝鮮の核・ミサイル施設や軍事拠点を破壊する予行演習で、これまでも繰り返し行われている。（略）

　Ｂ１は、最大速度マッハ１・２の高速を武器にグアムから約２時間で朝鮮半島に到達できる、対北朝鮮軍事作戦での切り札の一つだ。一方、Ｂ１には核兵器の搭載能力

予言。米軍の北朝鮮爆撃は2018年４月

水爆と見られる物体を視察する金正恩朝鮮労働党委員長

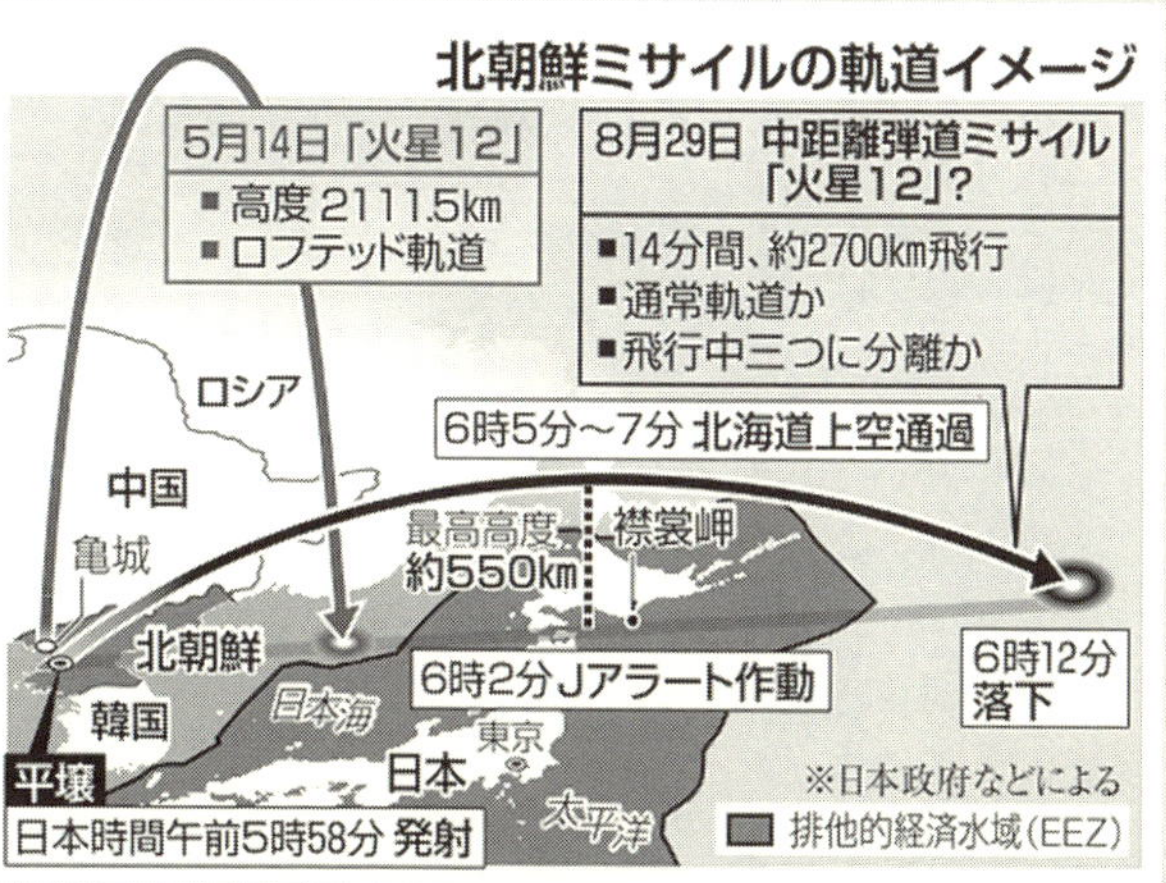

写真：朝鮮通信＝共同
図：共同

９月３日、北朝鮮は新たに製造した大陸間弾道ミサイル（ＩＣＢＭ）に搭載する「巨大な破壊力のある」水爆の開発進展を強調した。2018年４月、米軍は北朝鮮の核施設を一斉爆撃、そして中国軍が平壌進撃（侵攻）。北朝鮮を体制変更するだろう。

はなく、一連の飛行は北朝鮮に対し、米軍に先制核《かく》攻撃の意思はないことを示す思惑も込められているとみられる。（略）

（産経新聞　２０１７年９月24日）

私はすでに今年（２０１７年）の４月10日に、このように予言した。

「北朝鮮に対する米軍による攻撃（空爆）は、起きる。それは２０１８年４月である。そのときは、おそらくバンカー・バスター・ミサイルを撃ち込む。連続的にこれを行ない、北朝鮮全土の核施設（１２０カ所あるらしい）のすべてを破壊する。このあと北の国境線から中国軍（人民解放軍）が北朝鮮内に一斉に進撃して、平壌《ピョンヤン》を軍事的に制圧する。そして金正恩体制を崩壊させる。この管理された小さな戦争は１カ月で終わる」

これは私の厳粛な近《きん》未来予測である。この〝第2次朝鮮戦争〟は世界スケジュールとして起きる。北朝鮮への国際社会の一致した決意として強制執行活動（フォース・メジュール　force majeure）として実行される。

トランプ、プーチン、習近平の３首脳は、つながっていて仲がいい

ヤルタ会談（1945年２月４日）▶

写真：AFP＝時事（トランプ）、SPUTNIK/時事通信フォト（プーチン、習）、時事（ヤルタ会談）

３人で米、中、ロの３巨頭会談＝「第２次ヤルタ会談」になる。

これが新世界体制だ。

このとき大きな敵は……。（本文第５章も参照のこと）

●「副島先生。戦争銘柄を教えてください」の質問に答えよう

この予言のあと、私の本の読者から質問をいただいた。

「それなら副島先生。戦争銘柄、戦争特需、戦後復興の株式の銘柄を教えてください」と。さすがの私でも、そこまでは頭が回らなかった。私の本の熱心な読者たちだからこそ、「それで、その短期で片づく朝鮮戦争のあとは、どうなるのですか」を知りたかったのだ。

私は9月17日に講演会（金融セミナー）を開いた。会場には500名が参加してくれた。そのセミナーで私は、「2018年4月の米軍による北朝鮮爆撃」のあとの世界は「次はこうなる。その次はこうなる」とずっと考えていたことを話した。それはP120以下で述べる、ビットコイン Bitcoin ＝ 仮想通貨《クリプト・カレンシー》という「中心を持たない通貨の時代」の話だ。それと、日本にはこれからこのあと1億人（今の3倍）の外国人旅行者が来る、それを収入（収益）の種とせよ、と話した。

セミナーの参加者の多くは投資家だから、冷酷に、私から次のこと、〝北朝鮮戦争〟のことを聞きたかったのだ。1950年6月に始まって、ちょうどぴったり1年で終わった

（停戦《シース・ファイア》した）朝鮮戦争（コーリアン・ペニンシュラ・ウォー Korean Peninsula War）のときの、戦争特需、戦後復興特需の話を私がするだろうと、期待されていたのだ。

メールで質問をした人に、私は返事を差し上げた。その一部を以下に載せる。氏名等は伏せる。

副島隆彦先生

＊＊＊＊と申します。

昨日（9／17）は、金融セミナーに参加させていただき、副島先生の最新の論考に触れることができ、一層見識を深めることができたことを、感謝申し上げます。

その中で、一つご教示いただきたいことがあり、メールさせていただきました。

昨日の先生のご論考も、２０１８年4月に朝鮮半島で戦争が起こるのは、間違いないとのことでした。これに対し、本当に戦争が起こってしまって良いのでしょうか？　というのが私の質問です。

第二次大戦・太平洋戦争以降も東アジアで長らく戦火が続きました。中国大陸での国共内戦《こっきょうないせん》。その後の朝鮮戦争、インドシナ半島でのベトナム戦争。それがおさまったかと思ったらカンボジア内戦、短期間ではありますが中越戦争《ちゅうえつせんそう》（1979年）というのもありました。

ようやく戦火が収まったのは、ここ30～40年です。東アジアで経済成長が始まったのは、まさにこの頃からです。

今回もし本当に朝鮮半島で戦争が始まった場合（それが限定的な管理されたものであったとしても）ふたたび東アジア全体が動乱に巻き込まれる怖れは、ないのでしょうか？

今の北朝鮮を知る限り、人道に反する独裁政治が行なわれており、それを終わらせるには軍事力によって強制的に排除するしかない、とおおむね理解できます。しかしながら、それでもなお、です。

かつてのソビエト支配下の東欧諸国のように、中間層の反政府勢力があれば、市民革命のような形で比較的穏やかに政権交代がなされるでしょう。今の北朝鮮には、そのような反政府勢力が見受けられない。狂信的な一群が、内戦《ないせん》に突入し、その火の粉が日本にも及ばないとも限らないと考えます。

こうした大きな話だけでなく、私自身の決断ですが、保有する1000万円ほどの株式を、戦争の始まる3月までに売り切って、戦争開始後、暴落したら安値で買い戻すのがよいのか？　それともこのままずっと持ち続けるほうがよいのか？　預金は2000万円ほどです。ささやかな質問ですが、こちらも併せてご教示ください。

敬具

＊＊＊＊さまへ
副島隆彦から

金融セミナーにご参加くださりありがとうございます。

一番目のご質問は、「本当に戦争が起こってしまって良いのか？　というのが私の質問です」のことです。良いも悪いもありません。私、副島隆彦は、固く決意して、近《きん》未来の予言者になった、だから冷酷な近《きん》未来の予言をする、と言うしかできません。

戦争になれば、その国の民衆がたくさん死ぬ。国民や民衆にとっていいことは何もありません。戦争は本当に悲惨なものです。

しかし世界史＝人類史をつくってきた、この愚《おろ》かなる人間という生き物が必ずたどったのは、戦争への道です。70年に一度ぐらい戦争を繰り返してきた。そのようにやってきた人類の歴史を、個人の善意や正義感などで止めることはできない。

9月17日の私たちの金融セミナーのあと、「それなら、どうして先生は、戦争特需や、戦争銘柄の株を推薦してくれないのですか。朝鮮戦争のあとの復興に日本の大企業はどれぐらい関われますか。何を買えばいいですか」という質問をいただいた。

私は、この、**何があろうと自分のお金儲け（資産を増やすこと）しか考えない、という生き方は、きわめて正しい大人の生き方だ、**と厳しく判断しています。

物事を突き詰めたら、人間はそのような生き方になる。そのことを私は尊重します。

米軍の北朝鮮爆撃は2018年4月だ、米、中、ロの3大国は1カ月で片づけるだろう。もしかしたら、金正恩はプーチンが引き受ける形でロシアに亡命させるのではないか。このように副島隆彦は、今年の4月に予言しました。この〝第2次朝鮮戦争〟は、限定的に「管理された小さな戦争」（マネイジド・スモール・ウォー　managed small war）です。北朝鮮を公然と支援する勢力や、大きな国はありません。北朝鮮は孤立している。すなわち背後に大後方《だいこうほう》（グレイト・バック　great back）からの物資補給と安全地帯がありません。これは大国の代理戦争（サロゲイト・ウォー　surrogate war）でもありません。だから決着は早く着きます。そのほうがいい、と私は考えます。戦争避難民（レフュジー　refugees）が大量に発生する前に終わらせなければいけない。

ですから、貴兄は、お持ちの株をそのまま保有してください。戦争の陣太鼓が、お城のほうからドーン、ドーンと聞こえて、周囲が騒がしくなって、自分の精神状態が極度に興奮して不安に駆られて、大八車《だいはちぐるま》に家財道具一式を積んで、さあ逃げるぞ、で狼狽《ろうばい》売りをする、ということをしないように。今のままじっと持っているべきです。そのあとに、復興特需が来ます。このことだけを私は、急いで簡潔に助言いたします。

●一挙公開！　日本の軍需銘柄

この戦争銘柄（軍需産業）を、防衛大臣を1年で辞め（させられ）た稲田朋美《いなだともみ》が、こっそり、たくさん買っていた。安倍晋三《あべしんぞう》政権の内閣改造で防衛大臣に就任（2016年8月3日）したときの資産公開を調べて、日本共産党の「しんぶん赤旗」が暴いた。以下に引用する。

稲田防衛相　夫名義で軍需株　5社で計2万2000株　初入閣後に取得か

第3次安倍再改造内閣の新任閣僚の資産公開で、家族分を含めた総資産が最多だった稲田朋美防衛相（衆院福井1区）が、夫名義で防衛装備品を受注する軍需企業5社の株を保有していたことがわかりました。いずれも2012年12月に発足した第2次安倍内閣で行政改革担当相として初入閣したときの資産公開では保有しておらず、それ以降に購入したとみられます。防衛省トップが親族名義の軍需企業株を保有することの是非が問われています。（藤沢忠明）

今回の資産公開によると、稲田氏は夫名義で、神戸製鋼所4万株、みずほフィナンシャルグループ2万株、オリックス1万7000株、東レ6000株など、41銘柄26万株を保有していました。前回、行革担当相時の資産公開では、41銘柄22万1935株でしたが、保有株式の変動がかなりありました。

これによると、日本電気、昭和電工、日本金銭機械を各5000株、大林道路4000株など、10銘柄2万9671株を売却。神戸製鋼所4万株、大日本印刷1000

稲田朋美元防衛大臣が夫の名義で買っていた軍需企業の株

銘柄	株数	防衛省との契約金額	順位
三菱重工業	3000株	2632億円	1位
川崎重工業	6000株	1913億円	2位
三菱電機	2000株	862億円	5位
ＩＨＩ	8000株	619億円	6位
日立製作所	3000株	219億円	13位

出所：「しんぶん赤旗」2016年９月27日付。
2016年９月の資産公開と防衛装備庁の資料（2014年度）から作成

写真：時事

防衛大臣の離任式で栄誉礼を受ける。（2017年７月31日）

価《は》が跳ね上がる"戦争銘柄"である

	企業名	取引所と証券コード	防衛省（防衛装備庁）との契約実績など
11	日本アビオニクス	東証2 6946	音響機器の大手メーカーで、この会社もＮＥＣの系列。防衛関連事業が４割を占め、防衛省からは自動警戒管制組織システムなどを受注している。
12	三菱重工業	東証１ 7011	2015年度を除き、防衛省との契約では第１位を独占しつづけている日本の代表的軍事産業。地対空誘導弾、哨戒ヘリコプター、機動戦闘車などを製造する。国産ステルス「X-２」の開発も手がけている。
13	川崎重工業	東証１ 7012	総合エンジニアリングの会社だが、軍事の部門では三菱重工と双璧をなす。潜水艦、次期輸送機、中距離多目的誘導弾などを製造し、輸送ヘリＣＨ-47の修理や回収も行なっている。
14	ＩＨＩ《アイエイチアイ》	東証１ 7013	ジェットエンジンの生産で国内シェア第１位。哨戒ヘリＳＨ-60Ｋ用のエンジンをはじめ、防衛省向けの航空機のエンジンやガスタービンをほとんど引き受けている。
15	名《な》村《むら》造船所	東証１ 7014	造船の準大手である。2014年秋に佐世保重工業を完全子会社化した。佐世保重工は旧防衛庁時代から艦艇を建造し、海上保安庁向けにも船艇を製造してきた実績を持つ。
16	新《しん》明《めい》和《わ》工業	東証１ 7224	輸送機器メーカー。その前身は、「紫電改」で有名な川西航空機である。航空機事業でＵＳ-２型救難飛行艇やＵＳ-１Ａ型救難飛行艇など、防衛省向けの飛行艇を開発・製造する。
17	ＳＵＢＡＲＵ （スバル）	東証１ 7270	防衛省向けに「無人機研究システム」や「無人偵察機システム」などを開発。海自初等練習機「Ｔ-５」、空自初等練習機「Ｔ-７」、空自飛行点検機／救難捜索機「Ｕ-125/Ｕ-125Ａ」など、多くの機体を防衛省に納入している。
18	東京計器	東証１ 7721	精密機器メーカー。防衛関連では、主力戦闘機用のレーダー警戒装置や潜水艦の安全を確保する慣性航法装置、Ｔ-４練習機用の機器などの開発・改修を請け負っている。
19	興《こう》研《けん》	ＪＱ 7963	安全衛生保護具のメーカーである。防じんマスク、防毒マスク、空気呼吸器などを手がける。防衛省との間では個人用防護装備防護マスク、瓦礫撤去作業用マスクなどの契約実績がある。
20	重《しげ》松《まつ》製作所	ＪＱ 7980	19の興研と双璧をなす、防じん・防毒マスクのメーカー。防衛装備庁との契約では、空気マスクのほか化学防護服用の送風装置などを一般競争入札で落札している。

日本の主な軍事関連企業。有事《ゆうじ》に株

	企業名	取引所と証券コード	防衛省（防衛装備庁）との契約実績など
1	細谷火工《ほそや》	ＪＱ 4274	1906年（明治36年）創業。発炎筒や信号弾、照明弾など、防衛省・自衛隊関連向けに火工品（火薬の力を利用した製品）を製造している。
2	日油《にちゆ》	東証１ 4403	独自の油脂技術で成長した総合化学メーカー。防衛装備ではミサイルの推進燃料(ロケット用推進薬)などあらゆる発射薬・推進薬を製造している。湾岸戦争のとき、パトリオット・ミサイルの誘導装置をライセンス生産した。
3	ＪＦＥホールディングス	東証１ 5411	出資比率45.93％の子会社「ジャパンマリンユナイテッド」（ＩＨＩも45.93％を出資）が、2016年度の指名競争入札で護衛艦（1616号艦）の建造を落札。契約金額は409億3200万円。
4	日本製鋼所	東証１ 5631	1907年に北海道室蘭市で創業。砲身の製造などで日本陸軍、海軍と深い関係を築いてきた。今の防衛省向けには、戦車や艦艇の火砲、ミサイル発射装置など関連機器を開発・販売している。
5	旭精機工業	名証２ 6111	愛知県に本社を置く機械メーカー。小口径銃弾の製造では国内唯一の会社である。ほとんどが随意契約で、防衛装備庁に5.56mmＪ２曳光弾、7.62mm対人狙撃銃用弾薬などを納入している。
6	豊和工業《ほうわ》	東証１ 6203	火器メーカー。旧防衛庁時代から、64式7.62mm小銃、89式5.56mm小銃を開発して納入した。この他に迫撃砲や無反動砲、閃光発音筒、発煙弾、手榴弾なども製造する。
7	石川製作所	東証１ 6208	段ボール製函印刷機械などの機械メーカーである。繊維機械から始まり、機雷や地雷などの防衛機器を製造するようになった。
8	小松製作所（コマツ）	東証１ 6301	建設機械で世界シェア第２位の大手。防衛省向けには装甲車、軽装甲機動車、自走無反動砲などを製造している。2016年度は対戦車榴弾の納入が目立った。
9	三菱電機	東証１ 6503	総合電機メーカー。 防衛エレクトロニクス分野で、ずっと防衛省との契約実績が第１位である。また中距離空対空ミサイルの製造やイージス艦搭載システムの保守事業も請け負っている。
10	日本電気（ＮＥＣ）	東証１ 6701	グループ企業にＮＥＣネットワーク・センサとＮＥＣ航空宇宙システムがあり、防衛用の通信電子装置の製造や、レーダー情報処理のＩＴ技術提供などを行なっている。2016年度の契約実績は905億円で第３位。

株など、10銘柄6万6000株を新たに購入しています。（略）

新たに取得した10銘柄のうち、5銘柄が防衛装備品を受注する軍需企業です。内訳は、三菱重工業3000株、川崎重工業6000株、三菱電機2000株、IHI8000株、日立製作所3000株の計2万2000株。いずれも防衛装備品を調達する防衛装備庁によると、14年度の企業別契約金額の上位企業です。（表参照）

安倍自公政権は、稲田氏が行革担当相として在任中の14年4月に新たな防衛装備移転3原則（引用者注。以前は「武器輸出禁止三原則」だった）を設け、それまで禁じていた武器輸出を事実上解禁しました。

閣僚の株保有については法的な規制はなく、「大臣規範」（2001年1月）で在任中の株取引の自粛を定めています。しかし、国会議員には、国政に関する重要な情報が集中するだけに、国民の疑念をもたれるような株取引をしないことが求められています。

防衛省トップが親族名義で軍需企業株を保有することの是非をどう考えるのか、購入の経緯は——。稲田氏の事務所は本紙の問い合わせに「政党機関紙の質問には回答していません」としました。

（しんぶん赤旗　2016年9月27日）

記事にあるように、日本政府は2014年4月1日の閣議決定で、それまでの「武器輸出三原則等」を「防衛装備移転三原則」に変更して、日本からの武器の輸出を解禁した。そのあと、2015年10月1日には防衛装備庁という防衛省の外局をつくって、ここが防衛装備（武器）の調達を一元管理するようになった。防衛装備庁は、軍需関連の諸企業から競争入札か随意契約で武器類を調達（購入）する。

2016年度の防衛装備庁の契約実績を調べると、やはり稲田朋美が、夫（稲田龍示《りゅうじ》弁護士）の名義で買っていたという三菱重工が1位である。川崎重工が2位だった。三菱重工の契約金額は4532億円で、防衛装備庁が1年間に使った額（1兆8397億円）の4分の1を占めている（24・6％）。

稲田朋美が買っていた〝戦争銘柄〟にならって、防衛装備庁の調達の明細を示しながら、私、副島隆彦が日本の主要な軍需産業銘柄を一覧表にしてみた（P76〜77の表）。

●「日本は1万円札を廃止せよ」という米経済学者の主張

Ｐ72で、読者からの質問に私が返事したメールに書いたとおり、「何があろうと自分のお金儲け（資産を増やすこと）しか考えない、という生き方は、きわめて正しい大人の生き方」である。

だから銀行の店舗が消滅し、コンビニやスマホによる決済が普及して、さらに仮想《かそう》通貨という得体の知れないお金が出現した新しい時代にも、冷静に対応して、自分の命の次に大切な〝虎の子〟（お金）を守り抜くべきだ。

ビットコインとか、イーサリアム Ethereum などの仮想通貨について述べる前に、〝仮想《バーチャル》〟ではない現実《リアル》通貨（お金、現金）の話を書く。

今年の4月に「1万円札を廃止せよ」という衝撃的な主張が出てきた。ハーバード大学教授のケネス・ロゴフが『現金の呪い』（The Curse of Cash　邦訳は村井章子訳、日経BP社。2017年4月刊）という本で言い出した。ロゴフは世界銀行のチーフ・アナリストをしていた経済学者だ。この学者が、「日本の1万円札はなくなってもいいんだ。廃止しろ」という提言まで行なって、一部に衝撃を与えた。以下にケネス・ロゴフをインタヴューした日本経済新聞の記事を、長文だが載せる。

「日本は1万円札を廃止せよ　米ハーバード大教授 ケネス・ロゴフ氏」

高額紙幣は廃止すべきだ――。マクロ経済学の第一人者、米ハーバード大学のケネス・ロゴフ教授の主張が世界的な論争を巻き起こしている。脱税やマネーロンダリング（資金洗浄）などの犯罪を減らす効果に加え、電子決済が普及すると説く。人類の経済活動を発展させてきた通貨は、金融とＩＴ（情報技術）が融合したフィンテックが台頭する現代にどうあるべきか。

――（注・あなたは）高額紙幣の廃止を主張しています。欧州中央銀行（ＥＣＢ）が５００ユーロ（約６万５０００円）札の廃止を決めるなど、実際に見直しの動きがあります。

「現金決済が主流の日本では荒唐無稽《こうとうむけい》と思われがちだ。だが、ユーロ圏だけでなく、カナダやスウェーデン、シンガポールも高額紙幣の廃止を決めた。日本にはまず１万円札と５千円札を廃止することを提案したい。米国でなら１００ドル（約１万１千円）札と50ドル札だ。経済活動で現金が果たす役割の大きさは論じるまでもない。ただ、マネーロンダリングや脱税、収賄など犯罪行為で高額紙幣が果たす負の役割も大きく、現金の闇を取り除くべきだ」

――電子マネーやクレジットカードの普及で、高額紙幣は自然と淘汰《とうた》されるように思えますが。

「ところがそうではない。主要国では現金決済の比率が下がっている。それなのに、世の中に出回る紙幣と貨幣の量はむしろ増えている。クレジットカードの普及で、米国ではドルの通貨流通量が、１９７０年代、80年代は米国内総生産（ＧＤＰ）の５％前後まで下がった。それが今では再び７％台まで上昇している。日本は70年代こそ７％程度にすぎなかったが、今では約20％（約１００兆円）だ」

「日本円の通貨流通量を国民１人あたりで換算すると77万円だ。家族４人にすれば３００万円を超す計算だ。財布や家の中にこれだけの現金を持っている国の家計がどれだけあるだろうか。米国は１人あたり４２００ドル（48万円）の現金を保有している計算になる。だが、実際に財布や家、車の中に保管しているのは２５０ドル（３万円）程度だ。企業の決済で現金を使うことはほとんどないだろう。大量の現金の在《あ》り

「日本は1万円札を廃止しろ」

ケネス・ロゴフ

カーメン・ラインハート

写真：時事（左）　本人ウェブサイトから（右）

この2人は、アメリカ理論経済学界の嫌われ者である。あまりに本当のことをズケズケ言うからだ。

だが、ここまで来ると、もう高級で威張りくさった理論経済学など、何の役にも立たないことがはっきりした。

かが、実はよく分からないのだ」
「もう一つの特徴は、現金の流通量のうち高額紙幣の占める割合が（日本は）圧倒的に多い。米国では80%が100ドル札だ。この紙幣で1人あたり3400ドルを保管している計算だ。米国で100ドル札を使うことはめったにない。日本は紙幣の90%が1万円札だ。ここから推計できるのは、高額紙幣の多くが非合法な経済活動で使われているのではないか、ということだ」（略）
「高額紙幣を廃止して現金取引を電子決済《デジタル・ペイメント》などに置き換えれば、銀行口座などからマネーのやりとりを捕捉できるようになる。脱税の機会は大きく減る。仮に脱税が10%減れば、（引用者注・アメリカでだったら）連邦と地方合わせて700億ドル（約8兆円）もの税収増が見込めることになる」（略）
——現金には取引の匿名《とくめい》性という利点があります。簡単に廃止できますか。
「資産隠しに適さない小額紙幣や貨幣は残せばいい。私が主張するのは高額紙幣の段階的な廃止だ。最良の技術によって貝殻から鋳造、印刷へと置き換わってきたのが通貨の歴史だ」
「銀行口座を持たない消費者もいる。だから、すべての人が電子決済の金融サービスを利用できるよう、政府がデビットカードやスマートフォン用の口座を無償提供する。電子決済の普及は、紙幣の廃止を後押しするだろう。法的な枠組みで匿名性やプライバシーの保護も徹底すべきだ。こうしたコストは脱税を減らすことによる税収増で賄えるはずだ」

——世界的に普及が進むビットコインが現金の代替手段になるとの見方があります。

「クレジットカードのような決済手段にビットコインが取って代わることはあるだろう。だが、政府の統制が効かないビットコインは、ドルのような通貨そのものの代わりにはならない。ビットコインの流通量が増えれば、政府は必ず規制をかける。法規制によってビットコインを金融機関では使えないようにするとか、小売店で使えないようにすることもできる」

「ただ、政府が現金に替えてデジタル通貨《カレンシー》を通用させるようになれば、民間銀行の仲介が不要になって、金融システムが劇的に変わる可能性はある」（以下略）

（日本経済新聞　2017年8月1日　傍点と注は引用者）

●しかし、日本の1万円札は廃止などできない。できるものか

1万円札を廃止することなどできない。まず、このことで安心してほしい。ケネス・ロゴフという統制経済が大好きな学者が、「高額紙幣（日本では1万円札）を廃止せよ」と政策提言、いや政策煽動《せんどう》したからといって、できるわけはない。日本人は財布の中に、何万円かを入れてそれを使いながら生きている。この強固な生活習慣（カスタム）を簡単に変えることはできない。いくら政府の緊急統制命令があってもできない。

こんな異常事態があるとすれば、急激な経済変動が起きてデノミネーション（通貨単位の切り替え。100円を10円にする、とか）が起きたときだけだ。デフレ経済（不況）が続いている今は、ハイパー・インフレーションは起きないので、デノミネーションは起きない。それよりは、政府は、マイナンバー制度を押しつけて、お金の動きの際の本人確認の徹底に血道《ちみち》を上げている。

今、日本の家計には43兆円と言われるタンス預金がある。日銀が発行しているお札《ビル》（紙幣《ノート》）は102・5兆円あって、この他に硬貨《コイン》が6兆円ぐらいある。このうちの43兆円

を資産家たちが金庫や押し入れの中に隠している。**このタンス預金の現金を、日本政府としてはあぶり出したい。なんとか外側に出させて使わせて、なるべく現金を消してしまいたい。**この傾向は本当である。これは恐ろしいことである。統制社会に向かう道だ。私たちは統制経済、統制社会への道と戦わなければいけない。

それでも、高額紙幣をなくす動きは世界で起きている。

ヨーロッパ中央銀行（ECB《イーシービー》）は、2016年の5月に500ユーロ札（6万5000円）の紙幣の廃止を決めた。このときは、ドイツの金持ちたちが、「私たちの500ユーロ札に手を出すな。金融官僚ども」と騒いだ。だが押し切られた。このヨーロッパの高額紙幣は、2018年末には全面的に発行が停止される。

インド政府も2016年11月9日に、500ルピー（850円）と1000ルピー（1700円）の紙幣を突然、廃止した。このときも、高額紙幣で財産を蓄《たくわ》えていたインドの金持ちたちが怒り出して3カ月ぐらい大騒ぎになった。

日本がこの動きにつられて1万円札をなくしてしまったら、あとは5000円札と1000円札になってしまう。あまり見かけない2000円札は、なぜか沖縄県でだけよく流通しているそうだ。

そんなことが簡単にできるわけがない。私は、1万円札の廃止はできないと思う。

デフレ経済がいよいよ激しくなって、不景気でお札《さつ》の力がどんどん強くなっている。比較で言うと、30年前の1万円札が持っていた価値が、今の1000円札で同じぐらいの力になっている。日本はそれほどの激しいデフレ現象を起こしている。

たとえば、1990年末のインフレが激しかった（バブル景気）ころの東京の喫茶店やホテルでコーヒーを飲むと、1杯が1800円とか2000円ぐらいした。そんな時代があった。それが今は、チェーン店のカフェでなら、Sサイズが180円から200円ぐらいで飲める。だから、ちょうど10分の1になっている。デフレというのはすごいもので、まさかそんな、と思うけれども、お札（お金）の力がどんどん強くなって、商品の価値が非常に下がっている。

するとサラリーマン（労働者）の賃金も一緒に下がる。「賃金の下方硬直性《かほうこうちょくせい》」と言って、賃金（給料）の切り下げは、従業員（社員）の強い抵抗に遭《あ》うので、簡単にはできない。だが給料を1割、2割、一律で下げている会社はたくさんある。20年前の大卒初任給が20万円だったのが、今も20万円だ。まったく上がっていない。バブル景気のころに1万円が果たしていた役割を、30年後の今は、1000円が果たしていると考えていい。だから1万円札がなくなってもいいのだ、という恐ろしい議論が出てきたのである。これは前述したとおり、43兆円分のタンス預金をあぶり出す動きと連動している。

●インフレ・ターゲティング理論の大失敗

しかし私は、繰り返し書くが、日本で1万円札を廃止することはできない。

ケネス・ロゴフと仲のいい、同じハーバード大学のカーメン・ラインハートというきついおば様の学者がいる（P83の写真）。彼女は、もしかしたらハーバード大学の学長になるかもしれない。なぜなら、ハーバード大学の主流派の経済学者たち（表面上は、ニュー・ケインジアン。しかし本当はケインズ思想の裏切り者）が主導してきたアメリカの経済政策（エコノミック・ポリシー）が、大失敗したからだ。

2008年のリーマン・ショックのあと、経済学者たちは、もう元気はない。一体、どういう政策立案（ポリシー・メイキング）していいか分からなくなって混乱している。今もインフレ・ターゲティング理論（インフレ目標値政策）しか、他に政策実行（ポリシー・エクスキュート policy execute ）する中味がない。これは、私がもう10年もずっと呼び続けている「じゃぶじゃぶマネー」である。政府（財務省）が発行する米国債《ナショナル・ボンド》（財務省証券《トレジャリー・ビル》）を足りない分だけザブザブ刷って、それを無理やり中央銀行（ＦＲＢ《エフアールビー》）に発行させたお札（米ドル紙幣）で購入させて、財務省の財政資金の不足分をジャブジャブにしているだけだ。

　ハーバード大学はリベラル派（民主党）の牙城《がじょう》である。ビル・クリントンやバラク・オバマ大統領の時代は、ハーバードの経済学者でノーベル経済学賞をもらったような人たちが金融政策をやって、それが大失敗した。２００７年のサブプライムローン・ショック、２００８年のリーマン・ショックで大きな信用崩壊を起こした。

　理論経済学《エコノメトリックス》の最先端の理論が、現実のアメリカ社会、そして世界の金融で有効な政策にならなくなった。それでハーバード大学内で、このケネス・ロゴフとカーメン・ラインハートの２人が、この現状を厳しく批判（非難）して、新しい勢力として台頭してきたのである。

　この２人は、５～６年前は学界でものすごく嫌われていた。それは、「どうせ世界中が統制経済《コントロールド・エコノミー》にならざるを得ないのだ」という本を２００９年に共著で書いたからだ。

題名は『ディス・タイム・イズ・ディファレント』"This Time Is Different：Eight Centuries of Financial Folly"。邦訳は『国家は破綻する――金融危機の800年』（日経BP社、2011年）である。「今回（の金融危機）は、これまでとは違うのだ」という内容の本を書いて、アメリカ経済学界でものすごく嫌われたのである。

アメリカ経済学界の主流は、「2％のインフレを人工的につくる。そうすることでデフレ経済から脱出する」という理論である。インフレ・ターゲティング理論（インタゲ理論）＝インフレ目標値政策と言う。これが今や大失敗した。現実に合わない理論だったのだ。だから共和党のトランプ大統領は、もうハーバード大学出の経済学者たちには鼻もひっかけない。まったく相手にしない。軽蔑《けいべつ》の対象だ、と言っていい。トランプが、次のFRB議長を誰にするかは、あとのP228で書く。

突然の番狂《ばんくる》わせで、まさかのヒラリーが負けてトランプの共和党政権の時代になった。民主党の牙城であるハーバード大学の中で、だから冷や飯食いだったケネス・ロゴフとカーメン・ラインハートのほうが力を持つようになったのである。主流派はシュンとなっている。

私は6年前の2011年から、この2人の理論を注視した。このときアメリカ経済学界に「金融抑圧《よくあつ》」（ファイナンシャル・リプレッション　Financial Repression　）という議論が沸《わ》き起こった。リーマン・ショックが起きたあとは、アメリカは恐慌《デプレッション》に陥っており、財政も破綻している真実が国民（と外国）に露見（バレ）して顕在化しないように、「何が何でも、無理やりにでも、民間銀行に米国債を買わせるしかないのだ」という主張だ。これが、「金融を抑圧せよ」という、身《み》も蓋《ふた》もない、露骨な政策提言だった。金融抑圧（弾圧）は、まさしく統制（強制）経済の手法を認めたほうが正直だ、という議論だった。このころラインハート女史は、ＩＩＥ《アイアイイー》ピーターソン国際経済研究所のシニア・フェローだった。

ケネス・ロゴフもカーメン・ラインハートだって、自分たちはケインジアンだと名乗っている。こんな連中までアメリカではリベラル派を自称しながら統制主義者に転向する。一方で、主流派でケインズ思想の裏切り者（シカゴ学派＝マネタリストへの転向派）であるＦＲＢのジャネット・イエレン議長と、その夫でノーベル経済学賞（２００１年）をもらっているジョージ・アカロフたちは、すっかり自信を失っている。もう、どうやったら「経済学の力で」景気回復させられるか、分からなくなった。

シカゴ学派で合理的期待形成学派《ラシヨナル・エクスペクテイシヨニスト》（景気は厳格に予測し、管理できる派）のロバート・ルーカスたちの影響力も、ものすごく落ちている。このルーカスの子分が、伊藤隆敏《いとうたかとし》（コロンビア大学、政策研究大学院大学教授）である。この男が次の日銀総裁になる、という下馬評《げばひょう》があるが、私は、そうはならないと考える。こうした動きが裏側にある。この強硬派のカーメン・ラインハート女史がハーバード大学の学長になるかもしれない。

●仮想通貨と金《きん》

ケネス・ロゴフは前記『現金の呪い』で、「デジタル通貨、そして金《ゴールド》」という章《チヤプター》で、ビットコインと金《きん》に言及している。以下にその箇所を引用する。

ビットコインのような暗号通貨《クリプト・カレンシー》は、本物の通貨《コイン》になりうるのだろうか（ここで政府は介入しないと仮定する）。答はたぶんイエスだ。ビットコインあるいは今後登場する類似の暗号通貨は、政府の後ろ盾があろうとなかろうと、価値の尺度や交換手段などとして、通貨本来の役割を果たすことができる。いやそれどころか、多くの意味で、複雑な取引や契約に従来の通貨よりはるかにうまく対応できると考えられる。というのもデジタル通貨《マネー》には、取引履歴を始めとする多くの情報を埋め込むことができるからだ。

（『現金の呪い』Ｐ３５０）

紙幣《ノート》を段階的に廃止して硬貨《コイン》は残すべきだという本書の提案は、考えてみれば過去への回帰であるとも言える。（引用者、割り込み注記。１９１０年代に、国務長官になったウイリアム・ジェニングズ・ブライアンがバイメタリスト［金《きん》と銀《ぎん》主義者］として金銀本位《きんぎんほんい》主義を強力に唱えた）となればここで、金《ゴールド》が果たすかもしれない貨幣としての役割を検討しておくのは無駄ではない。紙幣が姿を消せば、金《きん》価格は上昇する。金は貨幣性資産としての長い歴史を持つがゆえに本来以上の価格をつけられていた、という指摘はおそらく正しい。中には、金《きん》相場は途方もないバブルだと言う人もいる。

（同書Ｐ３５５）

ＮＹ金《きん》（ＣＯＭＥＸ《コメックス》市場）の価格の推移（直近６年間）

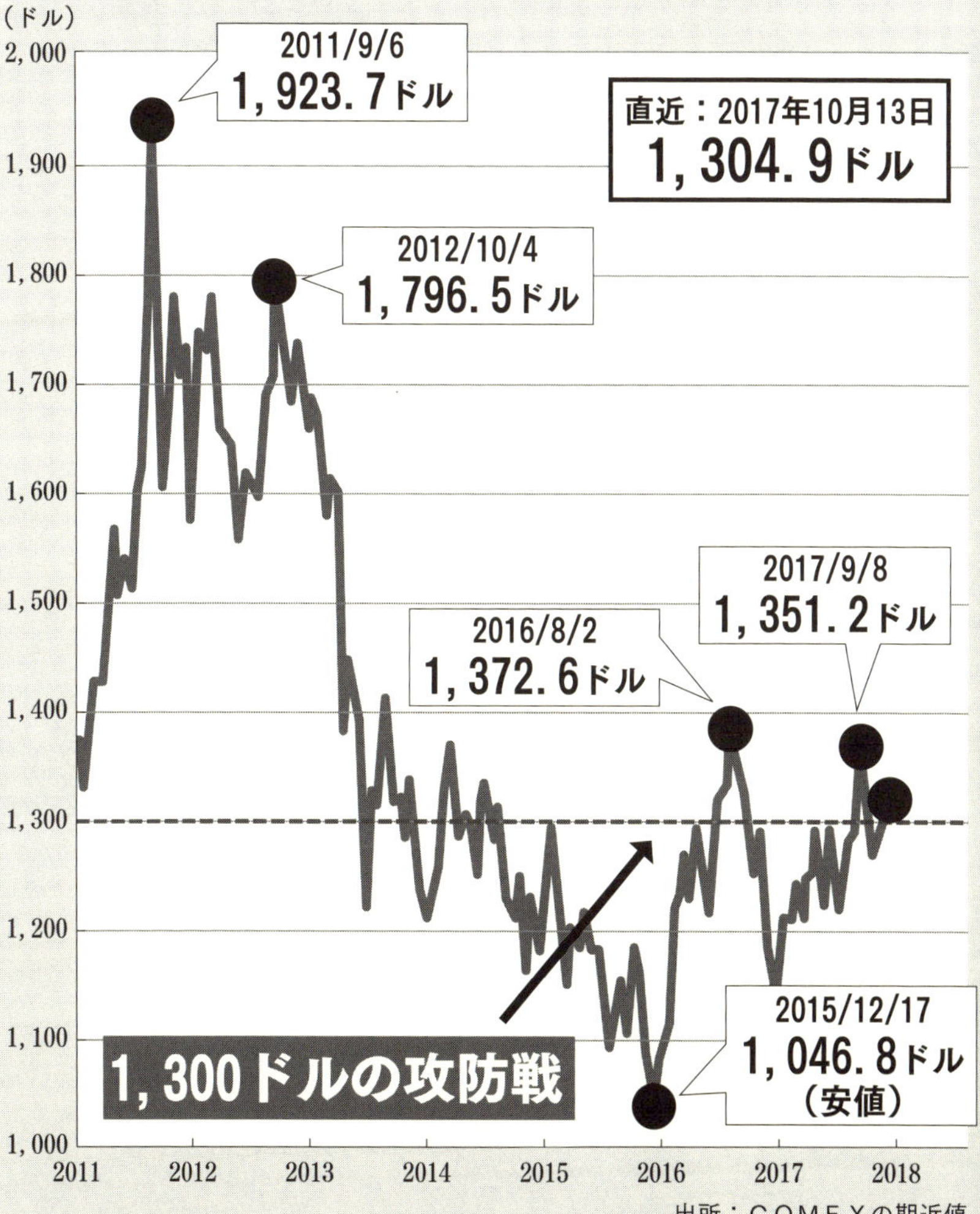

出所：ＣＯＭＥＸの期近値

北朝鮮の核ミサイル問題で金《きん》価格がこれから上がり始める

もちろん、貨幣《マネー》としての金にも欠点はある。致命的なのは、少額の取引に向いていないことだ。保守的な政治家が金本位制への回帰を頑固に主張しようと、この点で金が紙幣や電子マネーに圧倒的に劣ることはあきらかである。とはいえ、どんな代替手段も完璧ではないことを考えれば、金は第二、第三の通貨としてやはり有力だと言えよう。

（同書P356）

ケネス・ロゴフはこのように言っている。それならば、ビットコインなどの暗号通貨《クリプト・カレンシー》が自《みずか》らの弱点を実物資産《タンジブル・アセット》の王者である金《きん》の欠点と補《おぎな》い合って結合することで、新しい世界通貨《ワールド・カレンシー》に浮上することがありうるのである。仮想通貨を金《きん》や銀《ぎん》で裏打ち（保証《プレッジ》、担《たん》保《ぽ》）する新しい通貨《マネー》の世界が人類に出現するだろう。これは、私、副島隆彦が世界で誰よりも早く考えついた考え《アイデア》だ。

ケネス・ロゴフも、ここまでは明瞭（はっきりと）には書いていない。私は、この15年間、ずっと「やがて、〝コモディティ・バスケット〟（実物資産、鉱物資源の世界合計）による新しい通貨体制ができる」と書いてきた。しかし、それを通貨《カレンシー》として表現し、決済

金《きん》の1グラムの国内価格（直近6年間）

小売りは、これに400円を足すこと

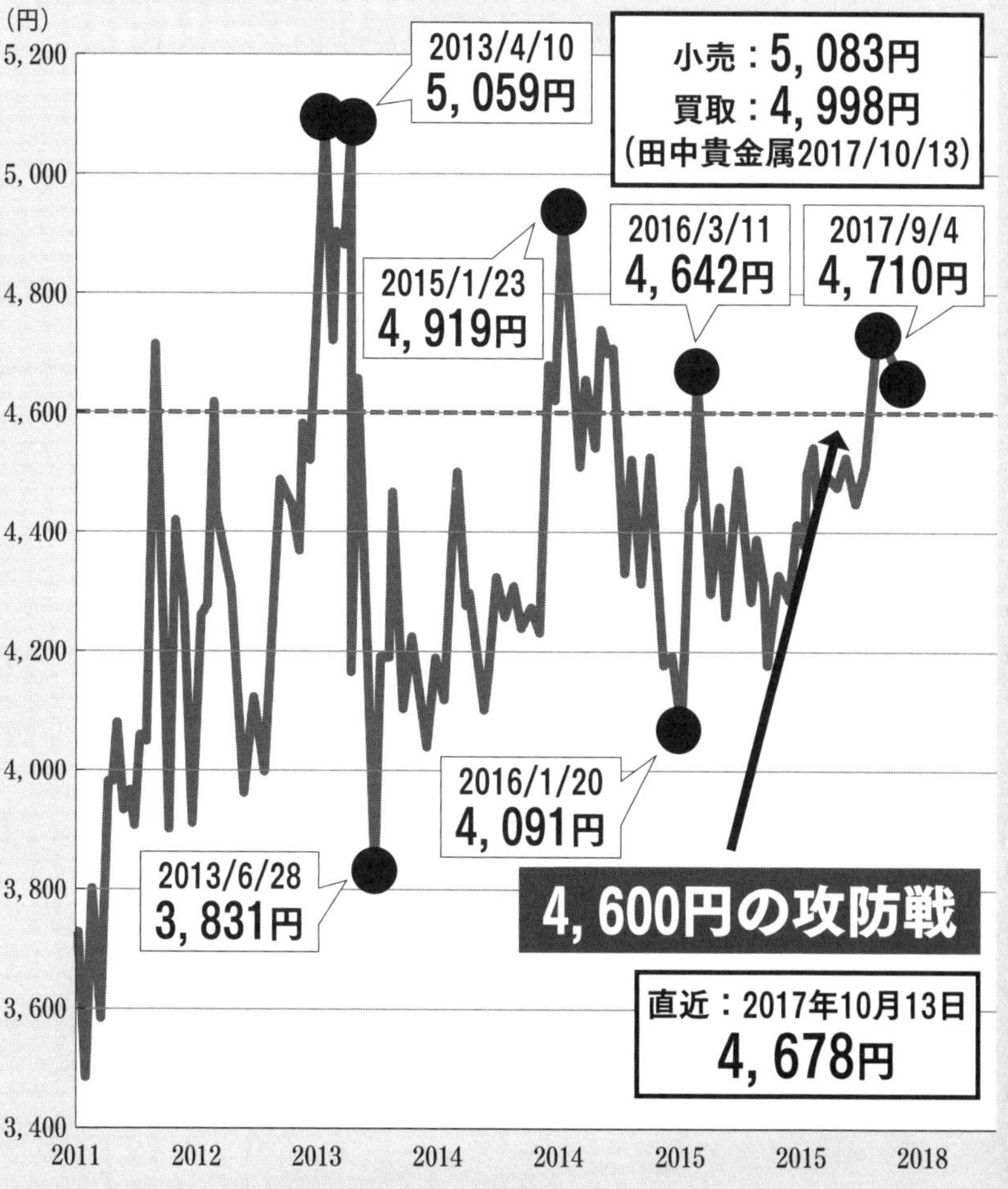

出所：東京商品取引所(TOCOM)の資料をもとに作成

TOCOM　東商取(卸)の価格

ついに小売は5,000円になった。

手段にする考えが浮かばなかった。それがまさしく、この仮想通貨だったのである。新しい世界体制（通貨体制）は、まずロシアと中国とアメリカの権力者たちが主導したり、合議体で価値（価格）決定できるようなものであってはならない。世界権力者たちの手から通貨《マネー》を世界人民の手に奪い返さなければならない。それが「金《きん》と仮想通貨の結合」なのである。

ロゴフはさらに金《きん》の未来を書いている。「金価格は上昇する」「第二、第三の通貨として有力だ」としている。

金《きん》の価格は、今は1オンス（31・1035グラム）が、1350ドルの攻防戦になっている。これはニューヨークとシカゴが決める金《きん》の世界価格である。今は、まだNYMEX《ナイメックス》（ニューヨーク・マーカンタイル取引所。1994年にCOMEX《コメックス》＝ニューヨーク商品取引所を吸収合併）という、鉱物資源の先物市場の値段だ。この価格決定権（値決めの力）が、もうすぐロンドンと上海《シャンハイ》の金《きん》の現物市場に奪い返される。

1988年にアメリカの先物市場がイギリスの「ロスチャイルド家の黄金の間」から金の値決め力を奪い取った。それが30年後の今、イギリスと中国（圧倒的な金《きん》の購買力、保有力を持つ）と組んで金《きん》市場を握る。アメリカには、もう現物の金《きん》は、ほとんどない。ロばっかりで空っぽの国なのだ。8300トンが今もあることになっているアメリカ合衆国保有の現物の金《きん》（ニューヨーク連銀《れんぎん》が管理）はスッカラカンで、ほとんどない。

金《きん》は、ジリジリと上がってきている。P95のグラフから分かるとおり、トランプが当選した去年の11月9日には、1130ドルまで下がっていた。それがジワジワと上がり出して、今年の9月7日に1350ドルまで来た。東京のTOCOM《トコム》（東京商品《しょうひん》取引所）の卸《おろし》の値段は、1グラム4600円（小売なら5000円）の攻防戦で動いている。

P68の〝戦争銘柄〟のところで書いたように、北朝鮮の核ミサイル問題で、きな臭《くさ》い戦争の臭《にお》いがする。そのためもあって実物経済（タンジブル・エコノミー　tangible economy）の王様である金の値段が上がりつつある。私は、これはいい傾向だと思う。実物経済を重視する見方からしても、今から金は上がるだろう。次は1400ドルが目標になり、その次は1500ドルを目指して上がってゆく。

だから、これまで金を買い貯めてきた私の読者たちは喜ぶべきだ。このあとも1400ドルを目指して上下はするだろうが、10年単位の流れ《トレンド》では金《きん》の値段はジリジリと上がってゆく。

Ｐ95の金《きん》のグラフを再度、見てほしい。２０１１年9月6日に、１９２３ドルという高値をつけた。２０００ドルの大台が目の前だった。だが、この日のドル円相場は、１ドル＝76・7円という超《ちょう》円高だった。１ドルは、このとき歴史的（記念すべき）な１ドル75円になったのだ。だから超円高による評価損で国内価格では、たったの１グラム４７３４円（１９２３ドル÷31グラム×76・7円）にしかならなかった。１ドル１００円だったら、１グラム６２００円になっていたのだ。小売りなら６６００円である。１キロのバーなら６６０万円である。それが、世界値段では史上最高値をつけても４８００円にしかならなかった。それでも小売りでは５０００円を超した。５５００円寸前だった（Ｐ97のグラフ参照）。今、あのときと同じ価格上昇が再現されつつある。やれやれ、やっとのことで金は５０００円の大台に乗せた。

４年かけて、やっと金の価格が反騰《はんとう》しつつある。

国内値段が小売りでついに５０００円を突破した。9月6日に田中貴金属の小売価格は５０９４円だった。ここから４００を円引いたものがＴＯＣＯＭ《トコム》（東京商品取引所）の価格（卸の値段）だから、約４７００円だった。直近は10月13日で、ＮＹで１３０４ドル、東京が４６７８円である。

２０１３年4月10日に仲値《ミドル》（卸《おろし》）で、１グラム５０５９円をつけていた。これに４００円を足すと、小売で５４９５円だった。今回、あのときの小売りの最高値を抜くことがほぼ確実になってきた。２０１８年中に実現するだろう。これまで金をじっと持ってきた人々にとっては大変いいことだ。

「1グラム1万円になるまで手放すな」と私、副島隆彦は皆さんにずっと提案してきた。だから、さらに５０００円上がって今の2倍になるまで、あと3年ぐらい余裕を持って、待っていてください。

●税金官僚から資産を守る。金はどう保管すべきか

そして、これからは海外で金《きん》を保管することに、さらに本気で取り組むべきである。今のまま国内で自分の手元で、しっかりと持っているままでいい。あるいは貸金庫に預けておくのもいい。ただし、銀行の貸金庫は今や斜め上から、3方向から監視カメラで利用者を撮影・録画している。なんと、その映像は税務署に渡されることがあるのだ。本当の話だ。銀行は、嫌々《いやいや》ながら、特定のお客が税務調査を受けて税務署から「協力を要請」（本

当は、軽い脅《おど》しの強制）されると、「ハイ、ハイ」と言って応じる。だから十分に気をつけてください。

税務署員は、税務調査の証拠として、貸金庫の記録映像や写真を出してくる。そこまで意地汚いことを日本の税務署はやるのだ。だから、あなたが貸金庫での出し入れするときは、小さな傘か何かをかざしながらコソコソと行なってください。そこまですれば、個人の秘密を守れる。

日本の国税庁（税務署）及び自民党政府は、小《しょう》資産家（小《こ》金持ち）たちを本当に狙っている。すでに大《おお》金持ち（大《だい》資産家）や、一部上場大企業のオーナー一族たちは、1000億円単位で、海外に上手に逃がしている。逃げられてしまったものを追いかけてゆくのはムリだ。だが、資産（不動産と金融資産で）10億円以下の小《しょう》資産家たちは、どうせ外国に逃がしたりしない、と国税庁はよくよく分かっている。私は、さる実力政治家から、このようにはっきり聞いた。この小金持ちたちの資金をどうやって財政逼迫《ざいせいひっぱく》している国家側に回収するか、ということで財務省（その直接の子分が国税庁）は、本気なのである。

念のため繰り返すが、すでに「逃がせ隠せ」で、資産の一部を海外へ逃がした人たちはたくさんいる。200万人から300万人はいるだろう。彼らは①大企業経営者一族の

海外で金《きん》を保管する「逃がせ隠せ」の大方針10カ条

1. 外国に置いてある資金は持ち帰らない
2. ＣＲＳ、マイナンバー、海外資産調書に負けない
3. 金《きん》をフリーポート国で安全に保管する
4. これからは、さらにマレーシア、タイに資産を移す
5. アメリカに資金を移すのは愚の骨頂
6. 香港上海銀行ＨＳＢＣは、客の秘密を守り通す立派な銀行
7. 「タンス預金」43兆円のあぶり出しに気をつける
8. 政府は、個人の資産家（小金持ち）を狙っているので法人取引のほうに隠し込む
9. アパート経営が、これからも資産家であることの基本
10. 国税庁、税務署に、自分のほうから余計なことを一切言わない

「保税倉庫」に資産を保管する賢い方法

香港Megastore社のHPから。
http://www.megastore.hk/en/

香港やシンガポール（スイスにも、もちろんある）には保税倉庫があり、無税で取引ができる。銀行口座を使う必要がない。無税で資産の管理をしている。とくに美術品（ファイン・アート）や骨董品、ワインとして保管する。

ような大金持ちで1000億円単位の資金を外国に逃がした人たちと、②それ以外の100億円単位の人たちと、③5億、10億の単位の人たちである。

CRS《シーアールエス》（コモン・レポーティング・スタンダード Common Reporting Standard）という制度で、日本語では「共通報告基準」と言う。OECD《オーイーシーディ》（経済協力開発機構）がつくり、日本では2017年1月から導入された。各国間で協力し合って、外国人（非居住者《ノンレジデント》）の口座情報を自動的に交換する仕組みである。

これで「海外資産明細書《かいがいしさんめいさいしょ》（「財明《ざいめい》」と言った）の提出義務」がいよいよ厳しくなり、外国の国税庁と日本の国税庁の情報交換が始まった。国外に逃がした資産が追跡される動きになってきている。しかし外国政府が、特に自由貿易港《フリーポート》（香港やシンガポール）や租税回避地（タックス・ヘイヴン）の国々が、易々《やすやす》とそう簡単に日本政府に連絡などしない。あまり疑心暗鬼《ぎしんあんき》になって神経質にならないほうがいい。

金《きん》の持ち出しと持ち込みで、代表的な事件が2件あった。新聞記事を載せる。

「福岡は金塊取引の拠点、韓国・香港から密輸増「都合いい都市」」

金価格の上昇に伴い、韓国や香港からの密輸が増加。距離が近い福岡は「都合の良い都市」として関係者の間で活発な取引が行われており、事件が相次ぐ背景になっている。

金には国際価格があり、値段は共通だ。だが海外から日本に持ち込む場合、消費税分の８％の納付が求められる。国内での売却時にも同様に上積みされるため、消費税分の「利ざや」を稼ごうとして密輸が増えているという。

福岡は格安航空会社（ＬＣＣ）などの空路やフェリーの航路も充実しており、密輸元から安価で運搬ができる。金塊の転売で利益を得ているという男性は「取引に格好の場所」と明かす。

（産経新聞　２０１７年5月22日）

「金塊密輸容疑で日本人逮捕　韓国、3億5000万円相当」

韓国西部の仁川《インチョン》本部税関は7月13日までに、金塊計約70キロ、約3億ウォン（約

3億5000万円）相当を（日本から）韓国に持ち込むなどしたとして、関税法違反の疑いで日本人の男（24）と韓国人の男（49）を逮捕した。日本人の協力者が他に数人いるとみて調べている。

税関によると、2人は香港を拠点とする金塊密輸組織に属し、3～4月の計6回にわたり金塊を持ち込んだ疑い。税関は、男らは韓国に持ち込む前、密輸元として疑われにくい日本を経由することで摘発を免れようとしたとみている。

日本人の男は、協力者らに「（空港では）観光客のように自然に振る舞うよう」指示した。観光客が多いソウル・明洞《ミョンドン》のホテルで、金塊を韓国人の男に引き渡していた。

（共同通信　2017年7月13日）

日本国内に香港から金《きん》（20キログラムとか）を持ち込んで、日本国内で金を売ると消費税分の8％、すなわち1キログラムのバー bar 1枚につき40万円弱が、金《きん》の買い手から支払われる。だから利ザヤ稼ぎである。これが関税法違反とされ、日本国内に申告しないで金を持ち込んだ人たちについて「密輸」という言葉が使われている。

自分の財産を外国に持ち出したり、外国から持ち込んだりするのは自由である。ここで税金がかけられる（発生する）のはおかしい。資金を外国に持ち出すときは十分に気をつけてください。持ち出し方にもいろいろある。

●海外へ資産を「逃がせ隠せ」した人は、日本に持ち帰らないように

マイナンバーの提出義務が厳しくなっている。それでも12桁の番号を適当に書いておけばいいのであって、コンピュータで国税庁がマイナンバー管理をできるようになるまで、これからまだ何年もかかる。コンピュータソフトの統一化には大変な時間とお金がかかるのだ。

コンピュータ同士を接続しても、一瞬のうちに通信が可能になるわけではない。企業や組織ごとにつくってきたシステムは、ほかのシステムと即座に統合できない。あまつさえ税務署のコンピュータ・システムが民間企業のものと直結するわけはない。ここをよく考えてほしい。

アメリカ政府が躍起になって、音頭《おんど》をとって日本やヨーロッパ諸国、あるいはシンガポ

ールなどに圧力をかけて、海外に資金を逃がした人たちを脅し上げている。大事なことはP103の表の1番目にあるとおり、すでに海外に逃がして置いてある資金を日本に持ち帰らないということだ。

一部では、持ち帰ろうとした人たちが税務署に屈服する動きがある。これはやってはいけない。なおひどい目に遭《あ》うだろう。いったん持ち出したものは、表の4番目にあるとおり、香港やシンガポールから、さらにマレーシアやタイに資金を移すべきである。このことを本気で考える。そのほうがずっと安全、安心である。それらの国の銀行に移しておくということである。

香港と違ってシンガポールは、この小さな国を裏側から支えてくれる大きな力（後ろ盾）がない。だから、アメリカのSEC《エスイーシー》（証券取引委員会　U.S. Securities and Exchange Commission）やIRS《アイアールエス》（内国歳入庁《ないこくさいにゅうちょう》　Internal Revenue Service）からの脅しや締め付けに弱い。

それに対して香港は、後ろ盾が北京の共産党政権である。日本の国税庁がちょっと何か言ったぐらいでは香港の銀行たちは相手にしない。特に、表の6番目のHSBC《エイチエスビーシー》（香港上海銀行）は、これまでの実績として、「お客様の秘密を徹底的に守る」の原則《プリンシプル》を守ってきた立派な銀行である。この実績、信用の上に立って、安心して預け続ければよい。

お客の秘密を守る香港上海銀行の、日本の金融庁との闘いは素晴らしいものだった。HSBCは本社をイギリスのロンドンから香港に移そうとした。それはイギリス政府がHSBCをいじめるからではなくて、アメリカの財務省と証券取引委員会（SEC）がいじめるからだ。

香港上海銀行は、今やイギリス最大の銀行で、今でもイギリス国に税金を納めている。だから本社を移されたらイギリスが困る。HSBCは、北京の共産党政府の力に頼って、自分の客たちの秘密を守っている。

●税務署に〝本当のこと〟を言うべきではない

P103の表に戻ろう。8番目と9、10番目について説明する。

会社経営も行なっている人は、会社の取引のほうに資金、資産を残すかたちにしたほうがいい。とにかく政府は、個人の金持ち、資産家のお金を狙っている。法人は帳簿がしっかりしているし、法人には相続税がないから資産税を取れない。

個人の金持ちというのは、実質、アパート経営者たちである。軽量鉄筋アパートあるいは駅前の商業ビルを所有している。5階建てから10階建てぐらいのビルを持っており、賃料収入がある。日本の金持ち階級は、家賃収入（レント　rent）で成り立っているのである。レント・シーカー（rent seekers）と言う。

家賃収入《レント》の他に1億円ぐらいの金融資金を銀行に預けている。あるいは株や投資信託《ファンド》を持っている。日本政府はこれを狙っている。今のまましっかりとタンス預金をし、金《きん》を買うなり、とにかく徹底的に自己資産の防衛策を取らなければならない。

大事なのは、表の9番目にある「国税庁、税務署に自分のほうから余計なことは一切言わない」ということである。あれこれの「報告書を出せ」と言われても曖昧《あいまい》な態度に徹することである。自分の方からベロベロしゃべってしまうのが一番いけない。相手の思うツボである。とにかく徹底的に用心し、警戒し、注意深くなることである。

安倍政権の悪《あく》が森友《もりとも》学園・加計《かけ》学園問題で徹底的に暴かれたように、安倍晋三首相自身を含めて、自分たちが10億、50億、100億円のお金をいいように裏金で動かしているのである。私はこれらの「金持ちケンカせず」の秘密をたくさん知っている。政府の補助金を自分たちのほうに、ぐるりと回してこれを秘密で受け取っている。高級官僚たちにも分け前が行くようになっている。これを〝山賊《さんぞく》分け〟という。

官僚と政治家たちは裏で悪いことをしている。だから日本の金持ちたちも抵抗して、**「官僚たちが勝手につくった法律に何でもかんでも縛られる必要はない」**という理屈を立ててよい。腕力で「お上《かみ》」に抵抗して争う必要はない。あくまで「税金官僚から逃がせ隠せ」の大方針を貫いてください。

〝貢《みつ》ぎ取り〟である税務署員たちは、自分たちの上《うえ》の連中がやっている、このドス黒《ぐろ》い悪事を、下っ端の人ほど、よく知っている。彼らはもうほとほと自分の職業が嫌になっている。

●事業所得の目安「5棟10室」ルールとは何か

そもそも税金というのは、何を基準に課すことができるのか。ここで根本的な話をしよう。税金《タックス》は所得《インカム》に対して課せられる。所得は、総収入《そうレヴェニュー》（総売上げ）から総経費《エクスペンシズ》（法人の場合は、損金《そんきん》と言う）を差し引いたものである。課税される所得は10種類ある。「所得は10種類」と厳格に税法で決まっているのだ。そのうちの代表的なものが事業所得である。

事業所得は、大正時代の有名な判例《はんれい》（重要な裁判の判決文のこと）で「5棟《とう》10室《しつ》」という大審院判例、今で言う最高裁判所の判決文がある。これが今も生きている。これが現在でも事業所得の目安として通用している。

「5棟《とう》」とは、5軒の貸家のことで、昔は5棟《むね》とか家作《かさく》とも言った。「10室」は10個の貸し部屋（アパート）である。この「5棟10室」から上の収入の規模が事業所得になる。

だから「5棟10室」のルールよりも下で、4室だけの小さなアパートや2軒の貸家からの収入は、事業とは言わなかった。それは親戚や子どもに貸しているとかで、その建築代とかもあるから、とても事業などと呼べるものではないのだ。そこから生まれるお金は、生活費なのだ。これらは家族内の経済行為であって、ここに国家が介入してはいけない。これは世界基準《ワールド・ヴァリユーズ》での考えでもある。

貸家5軒、あるいはアパート10室が目安で、それより大きな規模を持つものを事業と言うのである。だから、それ以下は事業ではない。すなわち「5棟あるいは10室ルール」以下のアパート（ビル）経営者の人に入る、月30万円、年間500万円ぐらいのお金を、自分のほうから「事業所得だ。自分は事業主だ」と言わないほうがいい。税務署に聞かれたら、「これは生活収入だ。こんなものを事業と言わない。〝5棟10室のルール〟があるんでしょ」と答えなさい。向こう（税務署員）は、「バレたか」という顔をするはずである。

●法律は上級公務員の理屈からできている

日本の所得税法では、所得は10種類しかない。以下のとおりだ。

①利子所得（預貯金や債権の利息。公社債投資信託の収益など）
②配当《はいとう》所得（株式や投資信託の配当）
③不動産所得（土地・建物・借地権などによる所得）
④事業所得（農業、漁業、製造業、卸売業、小売業、サービス業などからの所得）
⑤給与所得（勤め先から受け取る給料やボーナス）
⑥退職所得（勤務先を退職するときの退職金や厚生年金の一時金）

⑦ 山林所得（山林を伐採、または立木《たちき》のまま譲渡したときの所得）
⑧ 譲渡所得（土地・建物・ゴルフ会員権などの資産を譲渡したときの所得）
⑨ 一時所得（①～⑧に当てはまらないもの。懸賞金、競馬の払戻金、保険返戻金など）
⑩ 雑《ざつ》所得（①～⑨に当てはまらないもの。年金、専業作家以外の人がもらう印税など）

所得は、この10しかない、と厳しく決められているのである。あとは裁判とかで「このお金は、この10のうちのどれに該《あた》るか」を厳格に判定することになる。実際には、ここでモメることが多い。

このような「事業所得の5棟10室ルール」や所得の分類を、国はわざと国民に教えない。これがいけない。国税庁が「少しでもお金が動いたら全部、利益活動だ。だからそれに課税する」ということを言ってはいけないのである。私たちは、国民対《たい》国家という根本のところに戻って、こういう大きな知識、根本的な考え（知恵）のところで、押し返さなければいけないのである。

とくに日本の小資産家層は、この大正時代にできた「5棟10室」の大審院判例で、もう一回、国《くに》と闘わなければいけない。

この「5棟10室ルール」の判例ができた、その背景を考えてみよう。

戦前は官吏《かんり》と言ったが今の官僚（上級公務員）たちには、定年退職したあと、恩給《おんきゅう》の他に貸家や長屋《ながや》から入る収入でそれなりの豊かな生活をするという慣例があった。すると、官吏を辞めたあとの人間の収入が、④の事業所得のわけはない、これを事業としたら逆にみっともないことだ、という考え方をした。裁判官（司法官《しほうかん》と言った）も官吏の典型だ。だから、前述した「5棟10室（からの収入）は事業にあらず」の判決を出したのだ。「私たち高級官僚が、けがらわしい事業者《じぎょう》などに老後にさせられてたまるか」という理屈だ。


上級公務員たちを基準にものごとを考え、彼らのためにつくったルールで世の中はできている。みっともない生活をしなくていいという公務員たちが基準で法律ができている。実態ができている。

「親戚や友だちに貸している貸家から月に10万円入るけど、これを事業収入として申告しなければいけないだろうか」などと言う必要はない。その家を維持するお金や、手に入れるまでのお金とか、経費がかかっているからだ。この家賃の10万円は事業所得にはならない。だから申告する必要もない。この基本のところに私たちは立ち戻るべきである。なぜか税理士たちでさえ、この基本知識を教えようとしない。

②の配当所得である株式は源泉分離課税で、１００万円儲かったら今は自動的に証券会社が計算して20万円を税金で「天引き」で取られて、残りの80万円しか手に入らない。しかし、この配当所得や①の利子所得で、株式で儲かった１００万円から30万、40万円も政府が取るようになったら、一体これが自由主義国家であろうか、という問題になる。

国家というのは、どんなお金でも、税金として取れるのは、本来は1割が限度なのだ。よくて15％が限度である。国家は国民に対して控え目に、遠慮して、ヘコヘコと頭を下げながら税金を取らなければいけないのである。元々が国家（お上《かみ》）というのは強盗団であり、泥棒なのである。戦国大名が年貢《ねんぐ》（棟別銭《むなべつせん》と言った）を農民や商人から取り立てた感じを、私たちの肌の記憶で思い出せばいいのだ。「国家は強盗であり、税金は泥棒」なのだ。

ところが現代《モダン》では、「国家（政府）は国民に福祉《ふくし》を行なうために存在する」となっているものだから、最も勘違いをしているのが財務省、国税庁を始めとする官僚たちである。国のお金が足りないからといって、思いっきり、どれだけでも税金を取っていい、という発想になっている。このことが大間違いなのである。

この国家統制と、税金（重税）から私たちが外側へ逃れ出て、国家の壁を越え国境線を越えるという考え方から、ビットコインは出てきたのである。

3

仮想通貨は新たな世界通貨《ワールド・カレンシー》となるか

●誰が「コイン」を発行するのか

現在、投資家の間でも騒がれているビットコイン Bitcoin について説明する。ビットコインという仮想《かそう》通貨は、国家と国境線と税金制度を越えていく思想から始まった。だが次々に捕《つか》まって、国家や権力（体制）の檻《おり》の中に入れられつつある。しかし、またそこから脱出して生き延びていく動きもある。

ビットコインに代表される仮想通貨は、英語で「クリプト・カレンシー」Crypto Currency と言う。クリプトは暗号である。日本語式英語で「バーチャル・マネー」Virtual Money と呼ばれたりする。こういう奇妙なネット（ウェブ）上のお金が、これからもどんどん出てくる。

コイン coin とは鋳造《ちゆうぞう》された貨幣（硬貨）のことだ。金貨や銀貨、銅貨だ。このコインを鋳造して発行する業者がコイナー coiner である。通貨（お金）の発行権者は、国家や中央銀行である。だが、必ずしも国家の独占物ではない。大きな信用さえあれば、そこが発行できる。

ビットコインをめぐる主な出来事

2008年	「中本哲史（ナカモト・サトシ）」と名乗る人物が仕組みに関する論文を発表。
2009年１月	システムの運用開始。
2010年５月	実店舗（ピザ店）で初めて決済が行なわれる。
2013年３月	キプロス金融危機で、資金の逃避先として認知度が向上する。
2014年２月	日本にあった取引所大手のマウントゴックスが経営破綻。**合計85万ＢＴＣ（当時のレートで約480億円相当）と現金約28億円が消失した。**
2017年１月	中国人民銀行が取引所の規制強化。
４月	日本で仮想通貨を「支払い手段」と位置づける改正資金決済法が施行。
７月	システムの処理能力を高める規格変更を実施。日本で仮想通貨の購入時の消費税が非課税に。
８月	処理能力をめぐり分裂。新たな通貨「ビットコインキャッシュ」が誕生。

ビットフライヤーのウェブサイトから

日本の代表的なビットコインの取引所が、左の「ビットフライヤー」(bitFlyer)だ。２０１４年から始まった。三井住友、みずほ、三菱ＵＦＪ、リクルートなどが出資している。

イタリアのベニス（ベネチア）のサン・マルコ広場に、ドゥカーレ宮殿という壮麗な建築がある。ベネチア共和国の総督の屋敷で、世界中から観光客が群がる名所である。この「ドゥカーレ」はダカット（ドゥカート）金貨に由来する。14世紀のベネチアで、コイナーたちが鋳造した金貨がダカット金貨だ。このダカット金貨が、ヨーロッパ中で通貨（お金）として使われていた。18世紀まで流通した。ヨーロッパで一番の金持ちはベネチア共和国なのであって、各国の王国たちではなかった。

ベネチア共和国は自治都市《コムーネ》であり、王様も貴族もいない。通貨は国家が発行しなくてもよいのである。信用があるものが発行する。それを皆が使う。

「日本国政府と、日本銀行が発行した通貨しか強制通用力はない」と、国家が法律で勝手に決めただけだ。この威張り腐った国家発行の通貨《カレンシー》を法貨《ほうか》（リーガル・テンダー legal tender ）と言う。だが、国家や政府、官僚はとにかく偉いのだ、という考えがどんどん崩れつつある。信用をなくしつつある。

P155以下で述べるが、ビットコインは「鋳造貨幣」ではない。コイナーがつくるものではない。ビットコインは、「マイナー」（miner　鉱山の鉱山主、採掘者）が「マイン」

（mine　掘り出す）するのである。

時代が変われば、新しい人間（像）が生まれ、新しい世界ができてゆく。ビットコインは、今はまだ気持ちの悪い得体《えたい》のしれないものである。だけれども、こういう〝新しいお金〟が、どうしても出現してくるのだ。このビットコインに人々の「信用」がつけば、その信用が「秩序《オーダー》」になる。

●ビットコインは「現金」に戻せない。おそらく損をするだろう

ビットコインはこの8月1日に2つに分裂した。そして中国勢が握っている「ビットコインキャッシュ」（BCH）が誕生した。さらにまた分裂（再分裂）する予測がされている。

「ビットコイン11月再分裂も　取引拡大への対応「合意可能性小さい」」

仮想通貨ビットコインが、11月に再び分裂する可能性が高まっている。取引拡大に対応するために「採掘者（マイナー）」と開発者が、それぞれ新たなバージョンに取

り組んでいるためだ。

仮想通貨の普及に貢献し「ビットコイン・ジーザス（教祖）」として知られるロジャー・バー氏ら業界の大物は、両陣営が合意する可能性は小さくなっていると述べている。ビットコイン取引の承認作業をする採掘者と、元々のビットコインネットワークのインフラ構築に関わった「コア」と呼ばれる開発者の双方からもそうした声が聞かれる。

最近の分裂で「ビットコインキャッシュ」という新バージョンが誕生した。バー氏は2回目の分裂を予想し、資金の一部をビットコインキャッシュに移しているという。分裂によってさらにビットコインが生み出されるので、自身の利益につながるとも語った。バー氏はブルームバーグ・テレビジョンとのインタビューで、「ビットコインは、恐らくビットコインレガシーと『セグウィット2X』バージョンとに分裂するだろう」と語った。

ビットコインの人気が高まり取引が増えたことで混雑が発生し、取引にかかる時間や処理手数料が一時、記録的水準に達した。これへの対処方法として、デジタル台帳《レジャー》であるブロックチェーン上の情報量の上限引き上げを唱えるグループと、一部データ

ビットコインを導入した企業とお店

ビックカメラ	家電量販店	Yakiniku Gato	焼肉
メガネスーパー	眼鏡店	銀座沼津港	寿司
H.I.S.	旅行代理店	エジプトカレー	カレー
日比谷聘《ぺい》珍《ちん》樓《ろう》	中国料理	バー銀座パノラマ	バー
溜池山王聘珍樓	中国料理	Kitsune Bar	バー
Anchor Point	レストラン	CLUB FINO	ホストクラブ
The Pink Cow	レストラン	Hostel bedgasm	民宿

参考：bitcoinjim.com。お店は東京23区内の一部を抜粋

上記の他、丸井グループは2017年８月から一部の店舗で試験的に導入している。

写真：EPA＝時事

ビットコインが使える寿司店「銀座沼津港」

をメインネットワークの外部で管理すべきだと主張するグループが対立している。
業界の一角は11月にネットワークをアップグレードすることを提唱しており、合意ができなければ再分裂につながる。

（ブルームバーグ　2017年9月26日）

記事にあるビットコインキャッシュは、8月19日に24時間の取引量で、ビットコインを超えた。ビットコインが26億ドル（3000億円）だったのに対し、ビットコインキャッシュは32億ドル（3800億円）の取引があった。1・2倍である。日本では分裂する前の、もともとのビットコインのほうの取引量が多い。その取引所《エクスチェインジ》の代表格が、P121の図にある「ビットフライヤー」という会社である。

ビットコインを買うなら、このビットフライヤーで買ってみてもいいだろう。ただし大事なことは、**いったん買うと、おそらくもう日本のお札（現金）には戻らない。**換金できないだろう。ビットコインは決済手段だということだ。

だから、ビットコインの価格が値上がりして、買ったときとの差額が生じたからといって、株式のようにさっと売って差益を出すことはできない。**買ってもおそらく損をするだ**

ビットコインの価格の推移（日本円）

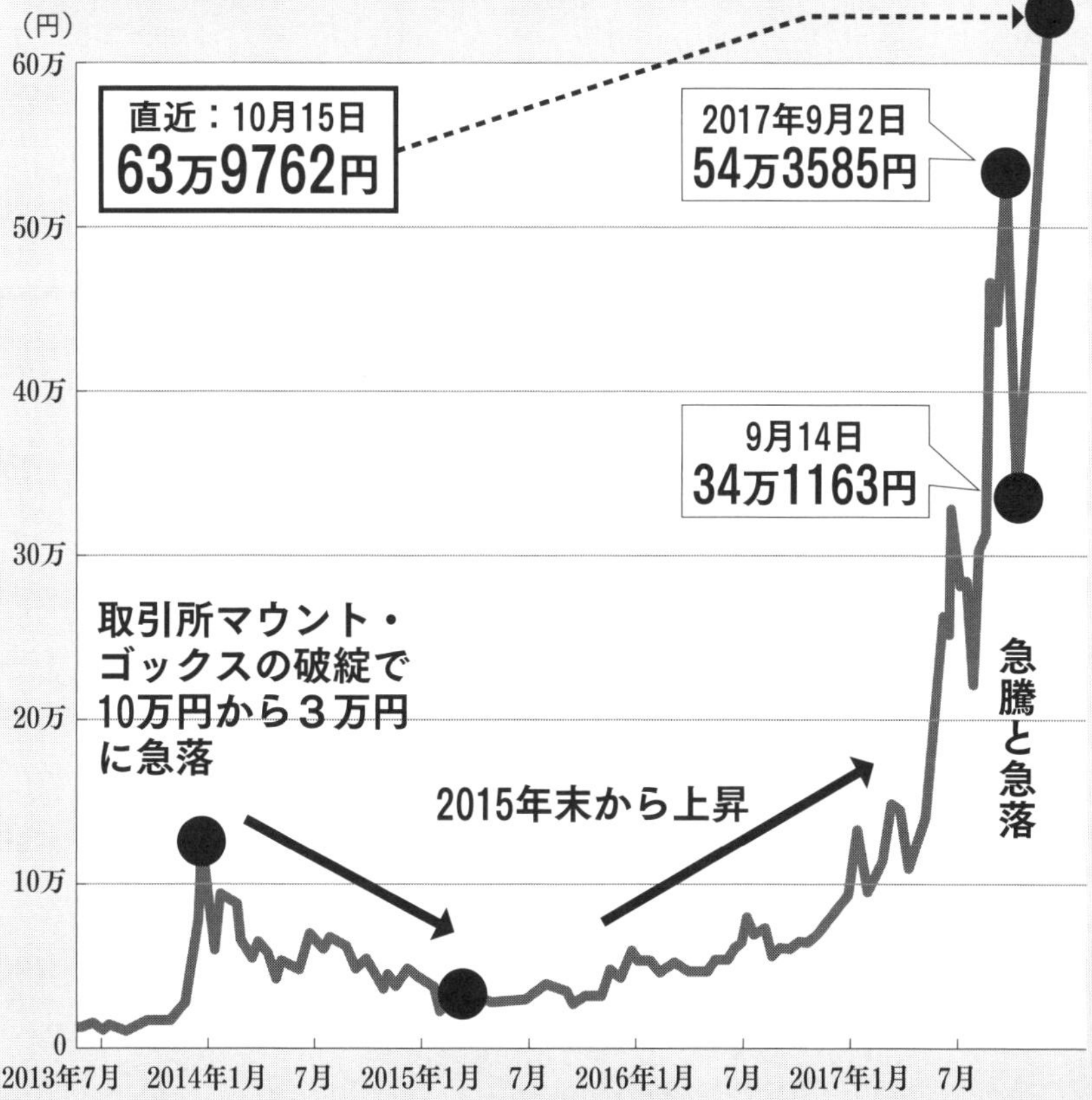

出所：CoinGecko（https://www.coingecko.com/ja）

仮想通貨はネット上に700種類以上もあると言われている。ビットコイン（仮想通貨）は本当は、国家と国境を越えていく思想に基づく「新しいお金」だった。だが、敗北して体制の中に入れられつつある。さらにそこから脱出する動きがある。

ろう。

1BTC《ビットコイン》＝110万円の夢を見るのもいいけれど

それでも仮想通貨は、これからの新しい投資の手段のように宣伝されている。P127のグラフのとおり、2017年10月15日現在で、63万9762円まで上昇した。8月30日に、1ビットコイン（BTC）が50万円になった（午前中の相場。50万584円）。今は約4700ドルである。7月には2500ドルだったから、ちょうど倍に上がったのである。以後8月、9月で、3000ドル、4000ドルに跳《は》ね上がった。9月にそれまでの最高値の54万3585円（9月2日午前）をつけた。そのあと34万円にまで急落した。このように暴落するけれども、また戻るということを繰り返している。

だから性分《しょうぶん》のバクチ好きで、どうしても買いたい人は買ってみればいい。1ビットコインがやがて1万ドル、つまり110万円になる楽しみを目指してもいい。ただし繰り返すが日本円には戻らない。P125の表にあるように、ビックカメラとか六本木や赤坂の高級店、新宿歌舞伎町のホストクラブでも使えるようになったから、それらの店舗で、ビット

「ビットコインの発明者」と名指しされた日系人は、その報道を否定

出所：http://www.newsweeklied.com/

アメリカの「ニューズウィーク」誌が2014年３月に、カリフォルニア州に住むドリアン・サトシ・ナカモト氏が、自分でビットコインを考案したと記事で書いた。多くのマスメディアがナカモト氏の自宅に押し寄せた。

ナカモト氏は「『ニューズウィーク』は私と私の家族を傷つけた」として、ウェブサイトを立ち上げて記事の内容を否定するとともに、裁判費用をユーザーから募った。出生（誕生）からして不思議な“お金”だ。

コインで代金を払うことはできる。

ビットコインを買うときは、まず取引所に自分のアカウント（口座）を作成する。ビットフライヤーのウェブサイトでも、「メールアドレスを入力してアカウントを作成してください」と表示される。それに従って、自分のPCかスマホでアカウントを作成することになる。このアカウントに取引用の入金をして、それがビットコイン取引のための口座残高になるのだが、日本ではクレジットカードで買うしかないのが現状のようである。クレジットカードの決済でビットコインを買うということは、どうしても銀行口座の預金残高の制限にかかる。このやり方は、今のところ変えられない。

●仮想通貨の取引所が倒産して28億円が消えた事件

ビットコインの価格を形成する市場がどこにあって、どのようにつくられているかは、謎であり〝仮想〟であるがゆえに実態が見えない。それでも取引所があることはある。

P121の表にあるごとく、ビットコインは2008年に、ナカモト・サトシ（Satoshi Nakamoto 中本哲史）という日本人（日系人）が「ビットコイン：P2P《ピートゥーピー》電子マネーシステム」というタイトルの論文を書き、発明したことになっている。その正体をめぐって、アメリカの週刊誌の「ニューズウィーク」が本人を特定したという記事を、私は当時読んだ。

しかしその人物は、「私は（ビットコインをつくった）中本ではない」と否定して、「ニューズウィーク」を相手に訴訟を起こした。P129の写真は、そのときナカモト氏が立ち上げたウェブサイトの画面である。これ以外にナカモト・サトシという人物が公開の場に出てきたことは1回もない。

こうしてビットコインなるものは2008年に生まれ、2010年ごろからいろいろなお店で決済ができるようになった。

ところが2014年2月に、日本にもあった主要な取引所のマウントゴックス（日本ではMTGOXという名称で渋谷にあった）というビットコインの最大手の会社が、経営破《は》綻《たん》して、ビットコインの払い戻しが、すべて停止された。このことが重要である。どうやら、このマウントゴックス社はフランス人たちが主に経営していたようだ。

このとき85万ビットコインが流出、消失した。当時は1BTC《いちビットコイン》＝5万円ぐらいだったたから、総額480億円が消えて、日本ではMTGOX社が顧客から預かっていた、ビットコインを購入した現金28億円が消失したと言われている。

それで現金で払い込んでビットコインを買った人たちが裁判を起こした。ようやく初公判が開かれたのは、つい最近の2017年7月である。

「ビットコイン横領で無罪主張＝取引所元代表の男―東京地裁」

インターネット上の仮想通貨「ビットコイン」取引所のコイン大量消失事件をめぐり、業務上横領などの罪に問われた運営会社「MTGOX」（破産手続き中）元代表マルク・カルプレス被告（32）＝フランスとイスラエル国籍＝の初公判が、7月11日、東京地裁（入江猛裁判長）で開かれた。同被告は「いずれについても無罪です」と述べ、起訴内容を否認した。

スーツ姿にネクタイを締めた同被告は、破綻時に記者会見した際よりほっそりした印象。罪状認否で用意した紙を読み上げ、「多くの顧客に迷惑を掛け、心からおわび申し上げる」と謝罪した。

起訴内容については、「支出は収入の範囲内で会計士にも報告していた。まさか問題になるとは思っていなかった」と述べた。
　検察側は冒頭陳述で、同社では顧客の預かり金と会社の資金が分別されていなかったと指摘。従業員が同被告に対し、「顧客の現金をいくら使っているのか」「預かり金で赤字を補填しているのではないか」と追及したこともあったとした。
　起訴状によると、同被告は２０１３年、顧客から預かった現金を自分の口座などに送金して計約３億４１００万円を横領。ソフトウエアの開発権取得や高級ベッドの購入費用に充《あ》てたなどとされる。

（時事通信　２０１７年７月11日）

　事件になってから３年かかって、ようやく裁判が始まった。警察は、この間に一体、何を捜査したのか。マウントゴックスの日本の代表だったフランス系のマルク・カルプレスは「申し訳ないことをした」と言いながらも、「しかし自分には責任はない」と無罪を主張している。

●ビットコインは「通貨」（カレンシー）になれるか

マウントゴックス社が破綻したあと、ビットコインの価格は暴落し、ずっと低迷した。ところが、2015年の末からジワジワと上がってきた。P127のグラフにあるごとく、2016年中に1000ドルを超した。12月22日に、日本円で10万1022円（917ドル）をつけて10万円台を突破した。これが2017年に入ると、なんと5000ドル（50万円）にまで急激に上げた。9月までのたった9カ月で5倍になったのだ。

いかがわしい通貨であるし、こんなものが本当に通貨《つうか》すなわちカレンシー currency あるいは、より広い考えでのマネー（お金 money）になれるのか分からない。日本の財務省は、世界の動きに遠慮して、なぜかビクビクしながら2017年の4月に「支払い手段として認める」という改正資金決済法の施行を恐る恐る始めた。それなのに、お奉行さま体質でグチグチ邪魔ばかりする。

前述したが通貨（カレンシー）とは、強制通用力を国家（法律）によって承認されたお金《マネー》のことである。さらにそれを偉そうに、リーガル・テンダー（legal tender 法貨《ほうか》）。法律によって定められた貨幣）と言う。だが今のところはビットコインが通貨になれるわけがない。ただの「お財布《さいふ》ケータイ」か、博奕《ばくち》の道具である。投資家たちは、ビットコインの周辺の、「仮想通貨関連企業」の株を買っている。

ビットコインは、ワールド・カレンシー（world currency　世界で通用する通貨）になっていくだろうか。おそらくそれまでには、これから5年ぐらいの間にいろいろな出来事が起きるだろう。今のビットコイン自身が通用力を失って、空中分解して消えてゆくことも有《あ》り得る。そしてまた、別の奇妙なデジタル通貨が現われるだろう。

●リバータリアンの思想からビットコインは生まれた

ビットコインの出現の恐ろしさは、このヘンなお金《マネー》が各国の通貨当局の「外側」にいることだ。紙幣を発行しているのは各国の中央銀行《セントラル・バンク》だが、お金を管理するのは通貨当局《オーソリティ》だ。すなわち各国の政府、財務省である。ある事情で中央銀行は民間銀行でなければいけないという強烈な仮想をやっているのだ。ビットコインは、国家が管理できるお金以外のお金である。各国の通貨当局は困惑している。必死で研究している。

外国にビットコインのまま送金すると為替《かわせ》が立たない。外国為替（foreign exchange

フォーリン・エクスチェンジ）公認銀行（オフィシアル・マネー・チェインジャー）の法律を無視する。

また、国内でビットコインが勝手に流通すると、自分たち通貨当局のお金の統計数値の中に入らない。そして税金をごまかして逃がす、あるいは蓄《たくわ》える手段として使われるという恐怖感を当局《オーソリティ》は持つ。さらには投機（バクチ）の手段になる。

ところがお金は人間の便利のために生まれたものであって、何でもかんでも国家が威張って管理すればいいものではない。**人々の信用さえあれば、それが通貨なのである。「リバータリアン　Libertarian　の思想からビットコインは生まれた」のだ。**

リバータリアンとは、１９５０年代にアメリカで生まれたリバータリアニズム Libertarianism という新型の政治思想の信奉者たちのことだ。このリバータリアンの勢力が、２０１６年の米大統領選挙でドナルド・トランプを選挙戦の初めから育てて支えたのである。私、副島隆彦は、このリバータリアンである。この思想を日本に広めるために、もう20年頑張っている。

リバータリアニズムは、ごく簡単に言うと、①反《はん》国家統制、②反《はん》官僚支配、③反《はん》税金、④反《はん》過剰福祉、そして⑤反グローバリズム（外国支配）を掲げるアメリカの民衆の

主な仮想通貨の時価総額と値段（2017年10月２日）

	名称	時価総額	1通貨単位あたりの値段
1	ビットコイン Bitcoin（BTC）	7兆8882億円	47万5093円
2	イーサリアム Ethereum	3兆1109億円	3万2765円
3	リップル Ripple	8804億円	23円
4	ビットコインキャッシュ Bitcoincash（BCH）	7278億円	4万3708円
5	ライトコイン Litecoin	3105億円	5834円
6	ダッシュ Dash	2647億円	3万4827円
7	ネム NEM	2213億円	25円
8	ネオ NEO	1804億円	3608円
9	イオタ IOTA	1629億円	58円
10	モネロ Monero	1520億円	1万　20円

出所：CryptoCurrency Market Capitalization

保守思想である。現在のアメリカでこのリバータリアンの勢力が大きくなっている。ビットコインは、博奕《スペキュレイション》（投機）のための新しい金融市場として始まったのではない。ビットコインは、私が唱《とな》えてきた「国家から逃がせ隠せ」思想の実験場として始まったのだ。まさしくリバータリアニズムである。

P136で述べたように、お金は人間の便利のために生まれたのであって、国家が生み出したものではない。国家というのは誕生したときから暴力団（である国王）が支配してきた。何でも国家（お上《かみ》）が偉いとか、権威があるとか、法律の力で強制的に義務を課せばいいのではないことを、そろそろ日本人は理解しなければいけない。

このビットコインをはじめとする仮想通貨に、政府や国家、あるいは大銀行の連合体が脅威を感じて、自分たちの足元が崩れる（権威が瓦解《がかい》する）と危機感を持った。だからビットコインを動かしている「ブロックチェーン」という計算方法（数学）に介入して自分たちで奪い取って、自分たちが管理するという動きに出ている。今の段階ではビットコインが押されぎみである。

●仮想通貨市場の時価総額は15兆円

仮想通貨の最新の時価総額（マーケット・キャップ　market cap）の順位は、P137のとおりだ。ビットコインの次がイーサリアム、3番目がリップルである。2017年9月の時点で仮想通貨は800種類あると言われた。

全体の取引量全体を見ると、圧倒的にビットコインが大きかった。だが、8月の分裂騒ぎのときにイーサリアムが急激に3兆円まで増えた。ビットコインは7兆円、その他は1兆円未満で、時価総額を足し上げると、およそ15兆円になると言われている（2017年9月現在）。だから世界中で1300億ドルぐらいが供給・購入されている。

ビットコインの主要取引所である「ビットフライヤー」（bitFlyer　日本の会社。この秋にアメリカで子会社を設立すると発表した）のウェブサイトを読むと、仮想通貨はデータ・マイニング（data mining　仮想通貨鉱山、お金の採掘《さいくつ》）で生み出される。このデータ・マイニングの手法についてはP157以下で説明する。

ビットコインの発行総量は予《あらかじ》め決められている。また採掘（マイニング）によって発行される量も調整される。そのため、一瞬にして発行量が増えてインフレが起こったり、混乱が生じたりすることを避ける設計がなされている。

ビットコインの発行総量は、２１４０年までに２１００万ビットコイン（ＢＴＣ）と制限されていて、それ以降は新規に発行されることがないというキマリであった。しかし、この制限を変えようという動き（2倍にするとか）が出ている。

この7月に、サイバー攻撃を受けて1億円以上のビットコインが盗み出されるという事件がネットで報道された。これ自体は小さな事件だ。

「韓国取引所にサイバー攻撃　急騰する仮想通貨取引に狙い」

> Ｂｉｔｃｏｉｎなど仮想通貨を取引する韓国の取引所がサイバー攻撃を受けたことが明らかになった。関係者は顧客データが漏えいしたことを認めており、約１００万ドルの損失を被ったとする顧客もいるという。（略）
>
> 7月3日付の韓国の聯合ニュース（Yonhap）によると、同国最大の仮想通貨取引所Ｂｉｔｈｕｍｂ《ビットハム》がサイバー攻撃を受けていたことが分かった。

Ｂｉｔｈｕｍｂは、Ｂｉｔｃｏｉｎや「Ｅｔｈｅｒ《イーサー》」などの仮想通貨の売買ができる取引プラットフォームで、１日の取引高は３１２０万ドルにのぼるという。韓国の仮想通貨取引の55％を占める規模で、グローバルでも５本の指に入る。特にＥｔｈｅｒではリーダー的存在とされている。（略）

韓国メディアによると、攻撃で顧客の約３％に相当する約３万１８００人分の顧客データが流出した可能性があるという。内容はメールアドレスや携帯電話番号などで、パスワードは流出していないという。Ｂｉｔｈｕｍｂ内部のネットワークなどは攻撃の影響を受けていない模様だ。

この攻撃の入り口になったのはＢｉｔｈｕｍｂのサーバーではなく、Ｂｉｔｈｕｍｂスタッフの自宅のコンピュータと伝えられている。攻撃が行われたのは今年２月だったが、Ｂｉｔｈｕｍｂがインターネット規制機関である韓国情報保護振興院への届けたのは６月30日で、確認まで４カ月もの時間を要したことになる。

ＢＢＣ（英国国営放送）によると、Ｂｉｔｈｕｍｂのユーザーが今年６月、認証情報の入手を試みるような電話やテキストメッセージを受け取ったという。

（クラウドＷａｔｃｈ　２０１７年７月10日）

このように仮想通貨の購入者で100万ドル（1億1000万円）の被害に遭った人がいた。これは取引上の採掘者（データ・マイニングをしている社員）が自分の家のPCで作業をしていたところ、そこがハッキングされて顧客の携帯電話番号やメールアドレスが流出したという事実であって、システムそのものの障害ではない。

この事件でビットコインが危ないと噂が広がって、イーサリアムに資金逃避される動きが世界的に出たと言われている。

●ブロックチェーンとは何か

ここから、ビットコインをつくっている枠組みである、ブロックチェーンについて説明する。

ブロックチェーンは、計算式を圧縮《あっしゅく》関数（コンプレッション・ファンクション compression function ）という巨大な量の関数を計算することで成り立っている。これ以上は、私には分からない。そこにAI《エイアイ》（人工知能）が入ってきて、巨大な量の計算をさ

ブロックチェーンの仕組みを簡単に図解する

仮想通貨の実体は**ブロックチェーン**

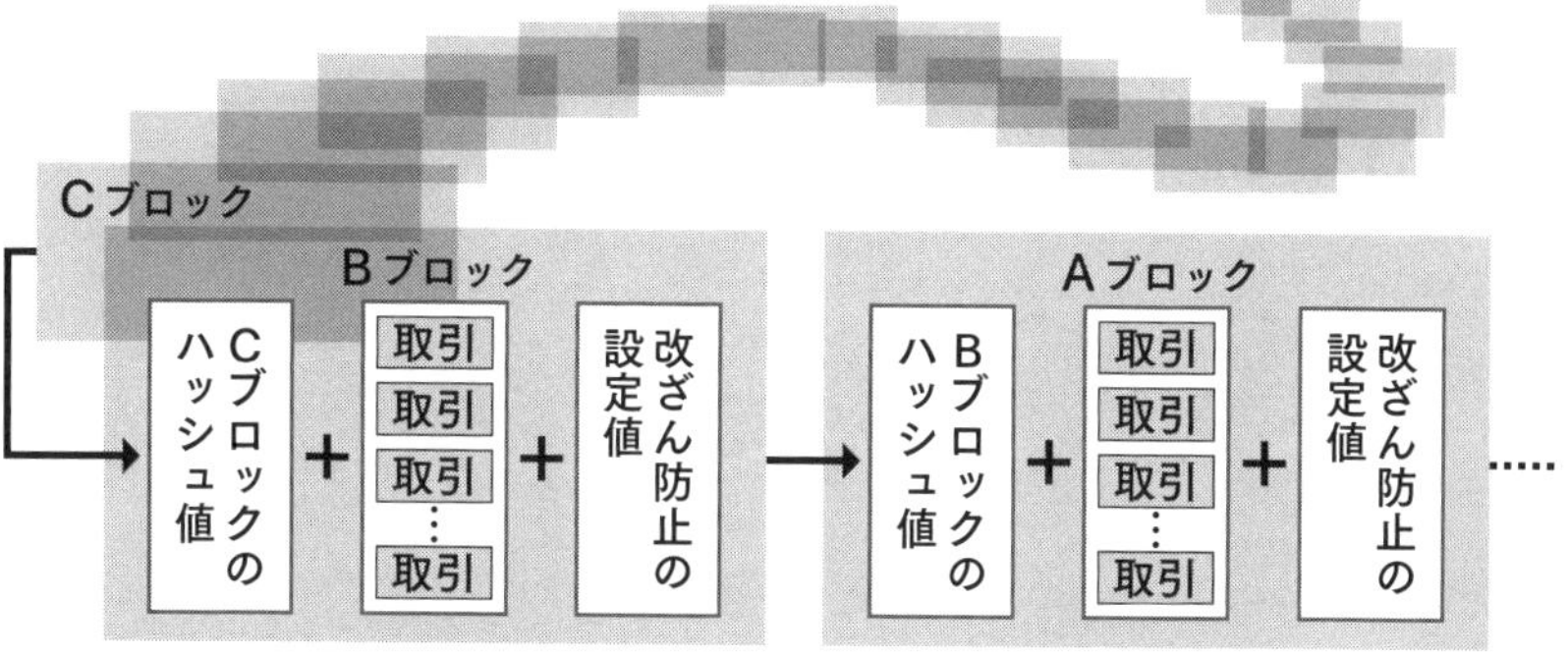

ビットコインの場合は、１ブロックあたりの平均取引数が約2000件。ブロック数46万7000個。2017年５月現在

ハッシュ値とは……

「Ｘさんが Ｙさんに10コインを送った」

↓ 意味不明な文字列（ハッシュ値）に変換

891310C693EDB35FB4076C1D5FCCE4……

▼

「Ｘさんが Ｙさんに20コインを送った」

↓ 少しの変更で大きく変わる

D934741A9F9B9DDE0E7379FA5681214……

▼

改ざんが非常に難しい

ブロックチェーンは、日本語では「分散型台帳」と訳される。ネットワーク内での取引をブロック＝台帳に記録して、その記録が時間の流れにしたがって鎖＝チェーンでつながっていく。これをネットワークに参加するすべての人が共有する。

朝日新聞（2017年６月11日）「科学の扉　仮想通貨の正体は　取引を暗号化、データ分散保存」を参考に作成らに進化させると、ビットコインというお金がさらにたくさんつくられるようである。

ところがP140で前述したとおり、2100万ビットコインが限度である。外側の枠を決めている、とビットフライヤーのウェブサイトに書いてある。ビットコインの製造量（発行総量）は、最初から限定してあるということだ。2140年までに2100万ビットコインと決めている。これが何を意味しているのか。現在すでに1700万ビットコインが発行済みだ。

私は、「限界の外側」という問題を考える。前にも述べたとおり、ビットコインは国家と税金と国境線を越えていく思想である。最初にできたとき、中本哲史（サトシ・ナカモト）とかいう人がブロックチェーンの思想をつくった（P130参照）。

これがいったい何を意味しているか。私は高等数学は分からないけれども、ブロックチェーンの、その外側を考えるとき、コンバージェンス（convergence 収斂《しゅうれん》する、収束する）という考え方に出会う。数学で「収斂《しゅうれん》する」は「解《かい》がある」ということだ。解（答え）はソリューション solution である。

今のネット時代は、IT関係者も誰もかも、この「ソリューション」というコトバを使う。これはITによって企業などの問題点や不便を解決、支援することを指す。そのことを事業開拓《ビジネス》、お客の満足の目標にしている。だが、純粋数学において、ソリューション（解、答え）は、ほとんどないのである。この世のほとんどの数式《すうしき》は解けないのだ。これはものすごく大事な事実である。私の先生の小室直樹《こむろなおき》先生は「数学の式に解《かい》はほとんどない」と悲しそうに言っていた。

　たとえば、方程式《イクエイション》とは何か。方程式はいくらでもつくれる。1＋3＝4は方程式である。1＋a＝5とつくったら、a＝4という答えが出る。そこに記号を入れたら、勝手に自己増殖を始めて無限に動き出す。これは、解である。1＋a＝5なら、a＝4と正解が出る。

　ところが、ほとんどの数式《フォーミユラー》に解《ソリユーション》はない。ときどきあるという。どうやらそれで数学という学問ができている。19世紀フランスのガロアの時代から、と言うべきだろうか。フェルマーが出した命題（フェルマーの最終定理）が、360年かけてようやく解けたとされる。あれも怪しい、という。どうやら解はないということに近い。

　解があるのは、すなわちコンバージェンス「収斂する」であって、収斂しないものがほとんどの場合なのだ。収斂しないものを、ダイバージェンス divergence と言う。「発散《はっさん》」

「散逸《さんいつ》」である。数学では無限《むげん》の向こう側（かなた）に解が放出していくのだ。数式、記号で表わすこともできない。「無限《アンリミット》の向こうには何があるか」と言い出したら、とんでもないことになる。

一番分かりやすいのは円周率だ。円周と直径との比率で、３・１４１５９２６５３５８９７９３２３８４６……と無限に続いていく。小学校で習った。日本の和算家《わさんか》（日本式数学者）の関孝和《せきたかかず》（１６４２〜１７０８）は１６８０年ごろに、小数点以下16桁まで自力で解いたという。関の弟子である建部《たけべ》賢弘《かたひろ》（１６６４〜１７３９）は当時、三角関数まで解けて、円周率も３・１４以下41桁まで正確に求めた。大変な才能らしい。

それでも、円周率は収斂しない。現在では10兆桁を超えるところまで行っているらしいが、ダイバージェンスで発散してしまう。ここにブロックチェーンの秘密があるのではないかと私は思っている。収斂、収束しないから、解がないのである。３・１４１５９２……は、まだ解があるように見える。しかし、あとは無限に続く無限数である。

無限に近いものを、デカルトがつくった直角座標《ちょっかくざひょう》（直交座標）で見てみよう。ｙ＝ｘという方程式は、ｘが１、２、３なら、ｙも１、２、３で、直角座標では45度線になる。

それに対して、ｘｙ＝１はｙ＝１／ｘで双曲線になる（左上のグラフ）。双曲線は垂直

双曲線

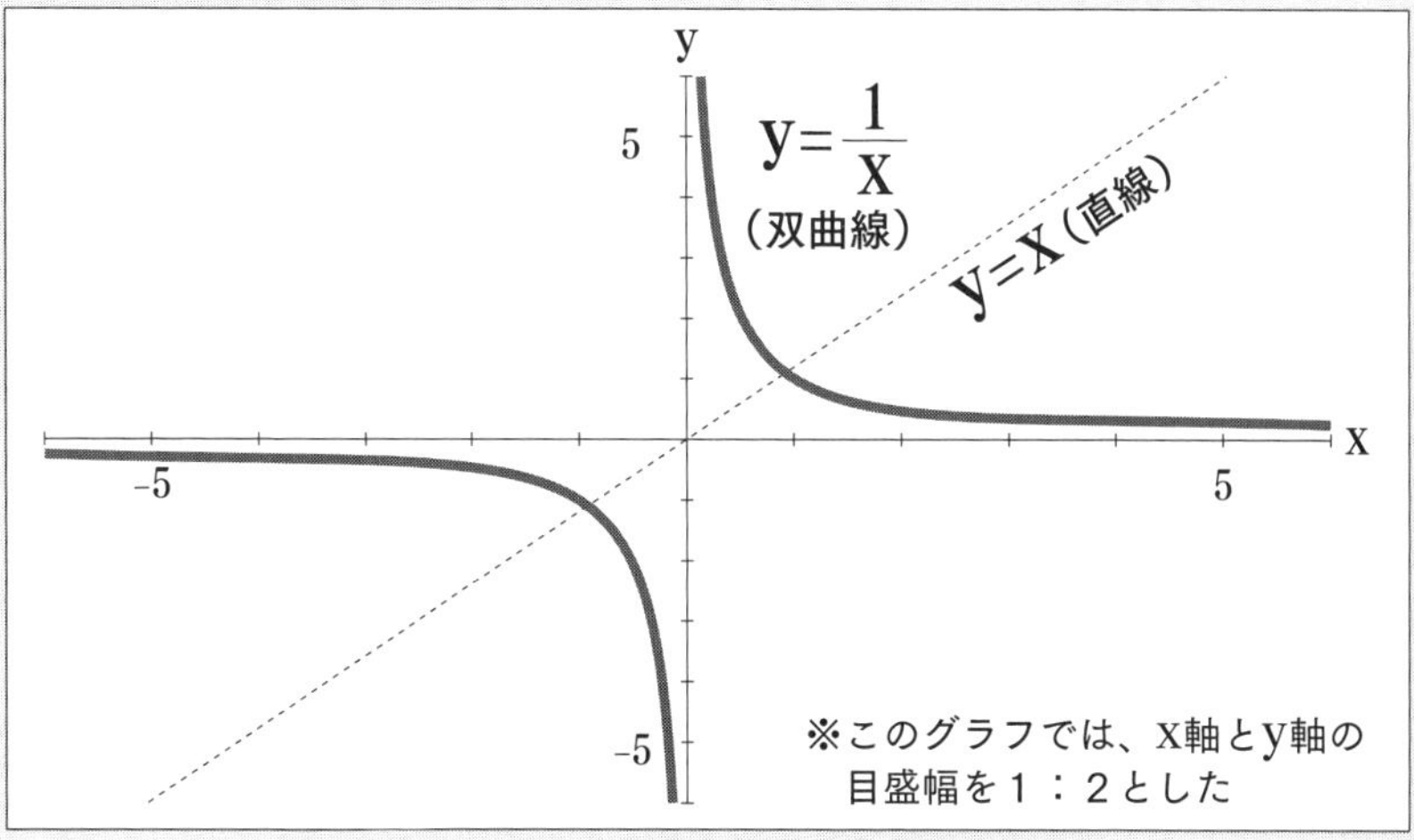

※このグラフでは、x軸とy軸の目盛幅を1：2とした

軸（y軸）あるいは水平軸（x軸）に無限にギリギリまで近づく。無限に近づくけれども、絶対に一致しない。近づくけどくっつかない。これがy＝1／xの恐ろしさだ。ここでも無限大が現われる。これも数学の一つの重要な現象である。

●金融工学の滅亡

発散して、解が出ない。たとえばa＋b＝5と書くと、答え（解）は、無数（無限）にある。このことがどうやら重要である。

キレイな解が出ないと、数学者たちは、どうしたか。どうも「解」ではなく、「近似値《きんじち》」（アプロクシメーション　approximation）

で諦《あきら》めるらしい。**近似値の数字を答え（解）ということにした。**それで、この100年間の理科系の世界は無理やり成り立っているようである。

きれいな解が出ない。困り果《は》てた果てに、統計学（スタティスティクス statisitics）と確率（プロバビリティ probability）というインチキ数学を開発して発達させて、これで真の解を誤魔化《ごまか》したのだ。そこで出て来た近似値を解だということにした。

私たちが2008年のリーマン・ショック（アメリカの金融恐慌）で見たのは〝金融工学（ファイナンシャル・エンジニアリング）〟の大爆発だった。金融工学は「高等数学を使えば確実に金融市場の動きは予測できる。だから確実に利益を出せる」という信念に基づいたものだった。それがぶっ壊れた。金融工学もまた解がないものを、近似値でつくった。この近似値での予測値を無理やり求めるための式が「正規分布」である（左ページ）。釣鐘《つりがね》状の正規分布の曲線をベルカーブ bell curve と言う。この正規分布曲線の中で金融現象も起きていて、その両端を切り捨てたのだ。

金融工学が大爆発を起こしたのは、正規分布曲線の端のほう、テール（tail 尻尾《しっぽ》）の部分である。このテールの部分は「ほとんど起こり得ない」と勝手に決めつけた。ところが、この尻尾のほうが起きてしまって、全体が大爆発した。

正規分布

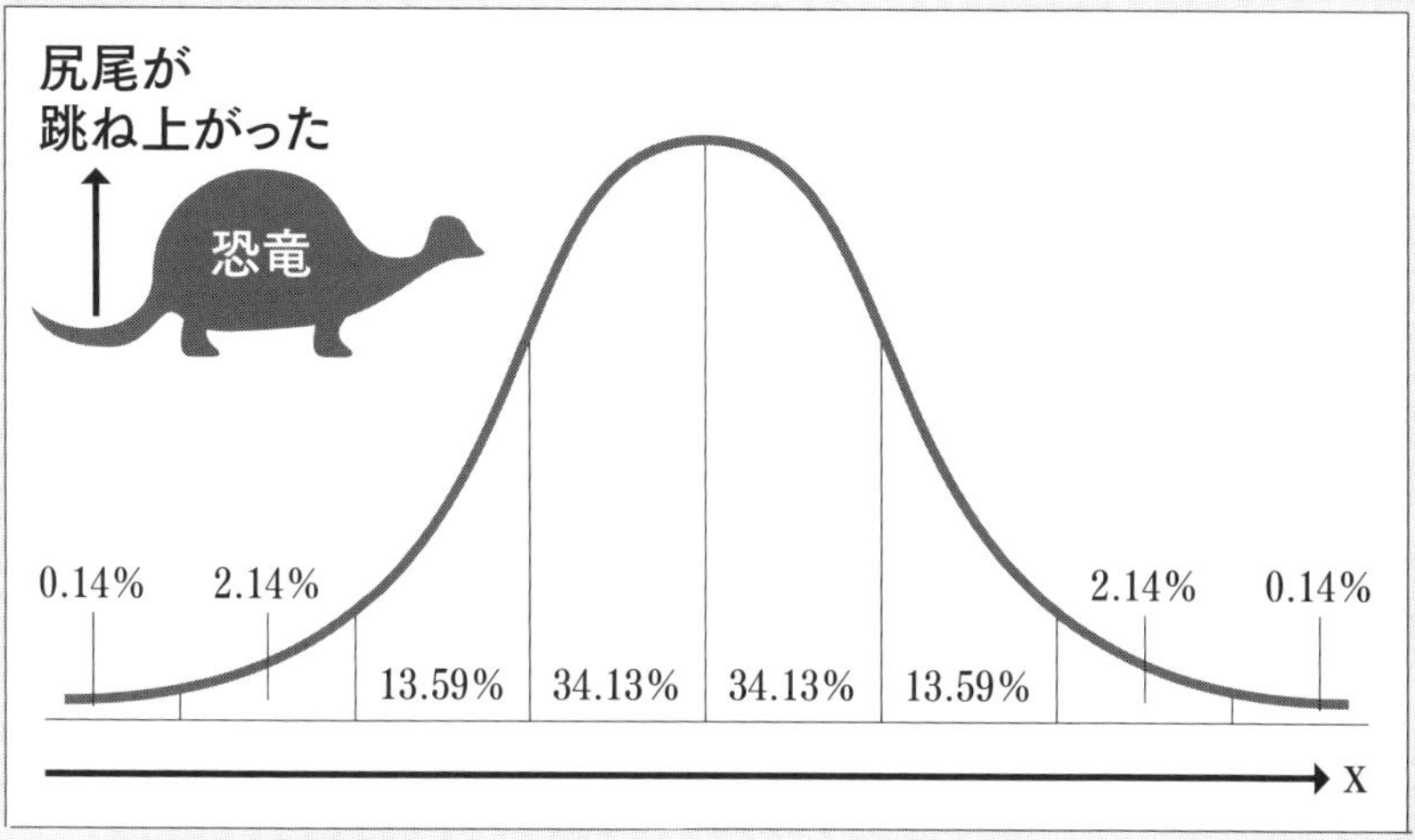

統計・確率論は、すべて正規分布の考えでやるようだ。たとえば学習能力の偏差値《へんさち》のつくり方がそうだ。真ん中が偏差値50。右側のほうに行くにしたがって60、70、80で勉強秀才たち。もう一方の側も真ん中を起点に40、30、20と「勉強できない人間」となる。両方の尻尾のほうは確率・統計上、分布する数（量）が極端に少なくなって「そんなことは、ほぼ起こらない」とする。だが、それが起きてしまった。

　世の中の社会問題を統計的に見るとき、学者や官僚たちは、たいていこの正規分布を使う。これで世の中を丸め込んでダマくらかそうとする。だから、こいつらはバカなのだ。

　私たちの人生に答え（解）はない。それが

世の中というものだ。それを無理やり、答えをつくろうとしてコンピュータに式をいっぱい入れて、近似値で求めるのだ。それが金融工学や合理的予測はできる派（合理的期待形成学派）の経済学理論の大失敗だった。10億分の1の確率でしか起こりえないことが現に起きる。それで大失敗して、金融工学は滅んだ。まだ生き延びているふりをしているけれども、もう無理だ。

●国家体制の外側へ逃げてゆく

このインチキな高級数学を逆手《ぎやくて》に取って出現したのが、まさしくビットコインである。ビットコインの始まりが2008年だ。ということは、まさしく〝リーマン・ショック〟が起きて金融工学が滅んだ年である。

それはブロックチェーンという圧縮関数（ハッシュ値）の数学である。それほど高級な数学ではないそうだ。たぶん「解はない。すべては無限《アンリミット》である」ということでつくられている。ダイバージェンスする「解は出ません」という数学上の発散の考え方を使っているのではないか。

私がこういうことを言うと、おそらく現在の数学者たちは嫌うだろう。私は今から弟子の数学者や物理学者たちに、このことをしつこく問い詰めようと思う。ディスパージョン dispersion というコトバもある。あの大知識人のゲーテ（1749〜1832）が光学《オプティックス》の研究をやっていたころにできた。「光の分散」という意味だ。光がパーッと広がっていって、ぼけてしまう。

数学のダイバージェンス「発散」は、光学のディスパージョン「分散」と同義だ。収斂しない。無限にどこまでも発散していくという考え方は、リバータリアン的である。捉えられない、捕まらない、答えがないから分かりません、と、どこまでも逃げていく考え方がリバータリアン的だ。私は直感で分かる。

ブロックチェーンは、無限に大量の計算をしなければいけない。孤高の経済学者で、金融工学とインフレ目標値《ターゲティング》政策を批判し続けて勝利した、野口悠紀雄《のぐちゆきお》（一橋大学名誉教授）を私は賞賛する。野口先生は偉い。最近、『ブロックチェーン革命』（日本経済新聞出版社）という本を書いた。数学ができる野口悠紀雄は、ブロックチェーンの他に基準《スタンダード》があるから、ブロックチェーンだけで計算しなくてもいい、とビットコインたちに助け船まで出している。偉いものだ。

ガリガリと大量の計算を世界中で、みんなでやっている（入金を承認する協同作業）。この恐ろしさが、外側へ、外側へと逃れ出していく構造になっていて、きっときりがない。きりがないと、権力者や体制は困ってしまう。自分たちは上から正体をつかんで抑えつけて支配しようとしているから、「これは詐欺罪だ」「これは出資法違反だ」と言い出す。

ところが、「そうではない。私たちは無限に計算しているのだ」と言い続ける限り、金額の確定ができない。金額の確定ができなければ売上の計算ができない。利益《プロフィット》と所得《インカム》の確定ができない。課税所得《タクサブル・インカム》を確定できないと課税はできない。

これが、ビットコインなるものへの大きな理解ではないか。圧縮関数やハッシュ値という言い方をして、計算式はある。だが、ものすごい量の計算をする必要があるということは、3・141592……がどこまでも進んでいくことの現代的な顕《あらわ》れであって、つまり無限である。一応、有限のふりをしているけれども有限ではない。たとえこれを壊されても、今のビットコインのつくりをどこまでも拡張して、政治弾圧すればするほど、どこまでも国家体制の外側へ逃げていくだろう。

中国にあるビットコインの巨大な採掘（マイニング）現場

写真：ブルームバーグの映像から

内モンゴル自治区のＢＩＴＭＡＩＮ（ビットメイン）社。50人の従業員が２万500台のマシン（ＰＣのＣＰＵだ）を動かして、１日に2700万円を稼ぎ出す。電気代は430万円だ。

ＣＥＯのジァン・ウー氏（下の写真）は「あと５年で１ビットコインは10万ドル（1100万円）になる」と断言した。

表面上は、今は1ビットコイン（1BTC）が5000ドル（50万円）です、と値決め《プライシング》して、取引所《エクスチェインジ》をつくっていることにしてある。さらにお金が入り込んできたら、今、世界中で15兆円ある時価総額が、3倍、5倍、10倍、100倍になるだろう。この動きが途中で止まって、お金を入れていた生来のバクチ好きたちが大損をすることを、これから何回も繰り返すだろう。

それでも外側へ、外側へ逃げていく。思想としてのリバータリアニズムとは、そういうものである。国家の外側、税金の外側、国境線の外側に逃げていく。

国境線の外へ、ビットコインでパッと外国に資金が移動したら為替が立たない。送金という手続きを取ることもしない。届け出なしでお金が動いていく。これが国家や政府にとってはものすごく嫌なことなのである。

世界の権力者たちは、まだポカンと見ているようだ。しかし「こいつらを捕まえてやる」という意気込みだけは感じられる。ところが彼らは構造的に、根本的に捕まらない。問題はリバータリアンのビットコイン主義者が、どの段階で自らの思想を裏切って、「もう無理だ」と権力や体制（政府）、大銀行連合体《メガバン・コンソーシアム》の軍門《ぐんもん》に降《くだ》って彼らに奉仕する動きをするかということである。

●2万台以上のコンピュータで「マイニング」（採掘）する中国の会社

中国の大手マイニングファーム（採掘業者）の記事を載せる。

「BITMAIN、AIでビットコインをマイニング」

中国の大手マイニングファームＢＩＴＭＡＩＮ《ビットメイン》がＡＩ分野の研究に参入し、さらなるマイニングの効率化を目指していることがわかった。ＡＩを活用することにより、マイニング専用コンピューター・チップ（マイニングＡＳＩＣ《アシック》）及び、冷却システム、電力供給システムを最適化することによりパフォーマンスを上げたい考えだ。

ＢＩＴＭＡＩＮはマシン・ラーニングのいち分野であるディープ・ラーニングを採用し、膨大なデータの解析を進める。ディープ・ラーニング（引用者注・コンピュータの深い自己学習）は多くのＩＴ企業で研究されており、グーグルやフェイスブックなども注力している。（略）

ＢＩＴＭＡＩＮは、AntPoolとBTC.comのマイニングプールを運営し、ビットコインのネットワーク全体の20％以上のハッシュレートを占有している。ビットコインは最近、約４０００ドル付近で推移していることから、マイニングの成功報酬（12・５ＢＴＣ）は、時価総額で5万ドルが約10分ごとにマイナーに支払われていることになる。世界中で一日で約７２０万ドル（約７・８億円）相当のビットコインが発掘され、価格上昇がマイニング・ビジネスの巨大化に繋がっていることは明白だ。（略）

ＢＩＴＭＡＩＮ社によると、マイニングに必要な電気料金は一日約３万９０００ドル（約４２６万円）に対し、約25万ドル（約２７３０万円）のビットコインが発掘されている。ＢＩＴＭＡＩＮのジハン・ウーＣＥＯは、将来のＩＰＯ（新規上場）も計画しており、マイニング・ビジネスをさらに加速させていく構えだ。

（ビットコイン・ニュース　２０１７年8月22日）

このＢＩＴＭＡＩＮ（ビットメイン）社は、北京から飛行機で真西に1時間半行った、内《うち》モンゴル自治区オルドス市にある。このオルドスは、広大な内モンゴル自治区（旧満州の西半分も含む）全体の首都であるフフホトに次ぐ都市だ。私は２００８年に調査に行った。内モンゴルは電気代が安い。鉄骨でしっかりつくった巨大な工場か倉庫のような中で、並んで（P153の写真）、2万5000台ものコンピュータ（マイニング・マシン）を動かしている。ほとんどメインフレームコンピュータに近い大型コンピュータである。そこでディープ・ラーニングというAIまで採用して、今も採掘し続けている。

この記事にあるとおり、ビットメインがビットコインのネットワーク全体の20%を占有している。マイニングの成功報酬は1回あたり12・5ビットコインだという。この10月で1BTCは5000ドル（55万円ぐらい）だ。5万ドル（550万円）分が10分ごとに採掘者に支払われる。また1日で720万ドル（7億8000万円）分のビットコインが採掘されていると書いてある。電気代が1日426万円ぐらいかかるそうだ。

●「ビットコインは10万ドル（1100万円）になる」

どうやって採掘（マイニング）するのか。P143の図でブロックチェーンを「分散型台帳《ダイバーシファイド・レジャー》」と説明した。ビットコインの取引録は、この台帳《レジャー》（帳簿）にすべて記録されて保存される。そして定期的に、別の大きな台帳にすべての取引を記録する。これを「追記」と言う。

この追記の処理で取引（ビットコインの売り買い）の正しさを確認するために、なおも膨大な計算をしなければならない。最初に追記ができた人（取引を承認できた人）にビットコインを成功報酬として与える。まるでゲームのようだが、こうして計算による誰でもできる取引承認がマイニングである。

ビットコイン全体は、1年間で2割ぐらいが消える（減少する）と言われている。採掘者《マイナー》たちに報奨金として新規発行される。彼らがどんどんマイニングしている。

大量の計算をし続けなければいけないのがビットコインの特徴で、ほとんど永遠に計算し続ける。より効率よく、どこまでも、ものすごい量の計算をし続けなければ生き延びられないコンピュータ上に存在するお金がビットコインだ。前述したように「分散《ダイヴァージェンス》」もしくは「発散《ディスパージョン》」と呼ばれる数学の理屈が背景にある。そのデータベース自体が世界中で分散しているという考え方である。

新しくビットコインを買った人の分を世界中で同時に計算するらしい。その計算量はものすごく膨大だ。**そして「中心がない」のがビットコインだ。中央政府とか統一政府とか力の強い国が通貨量や配分を決めるのではない。中心がない体系（non central**

system ）こそは、ビットコインの命である。

「中心がない」から統制（コントロール）が効かない。マイナーたちが永遠に計算し続けている限り、動き続ける。この計算に助力して手伝った人たちにビットコインが報酬として支払われる。巨大なコンピュータを動かしている、中国のビットメイン社のような採掘者には、大きな収入が与えられる。

ビットメインのＣＥＯである、ジァン・ウーという中国人の男が、「ブルームバーグ」のインタビューで「ビットコインは10万ドルまで行くでしょう」と風呂敷を広げた。10万ドルは１１００万円で、直近の高値が60万円だから、今の20倍になるということだ。これが金儲けをする人たちにとっての動機《モティベイション》であり、目標なのだ。リバータリアンは何かキレイごとを言う清貧主義の思想ではない。体制とか権力者が嫌いなのだ。自力で生きて、人のせいにせず死んでゆく思想だ。社会福祉《ソシアル・ウエルフエア》とか、大嫌いだ。

●なぜ中国でビットコイン取引の規制が強化されたのか

日本にも進出している中国の「ファーウェイ・テクノロジーズ」（華為《かい》技術《ぎじゅつ》有限公司

Huawei Technologies Co. Ltd.）という大企業がある。この会社は5年ぐらい前までアメリカ政府に目の敵《かたき》にされていた。

どうもファーウェイは中国人民解放軍によって、軍のビジネスとしてつくられた会社のようであるが、今は堂々と表に出てきている。この会社がもうすぐ世界最大のＩＴ企業、通信会社になるだろう。もう現になりつつある。グーグルもアップルも蹴倒《けたお》される。

「中国・華為、16年12月期売上高32％増　販促費膨らみ純利益微増」

中国通信機器大手、華為技術（ファーウェイ）が3月31日に発表した２０１６年12月期決算は、売上高が前の期比32％増の５２１５億７４００万元（約8兆５０００億円）となった。スマートフォン（スマホ）の販売が３割増と大幅に増えた。一方、販売促進のための広告費用などの、コストが膨らみ、純利益は０・４％増の３７０億５２００万元にとどまった。

売上高の内訳は、スマホを中心とした消費者向け事業が、44％増の１７９８億元だった。独《ドイツ》ライカ・カメラと開発した新商品「Ｐ９」など、老舗有名ブランド「ライカ」をアピールし、7万～10万円程度の価格設定で高級感を打ち出すブランド戦略も奏功した。

スマホの世界販売は1億3900万台に達し、米アップル、韓国サムスン電子に次ぐ3位の地位を確保した。

（日本経済新聞　2017年3月31日）

中国軍（人民解放軍）は長年、秘かに自分たちだけで巨大なビジネス（巨大なホテルチェーンや不動産開発、違法ゴルフ場、金融も）を行なっている。共産党政府は、この軍ビジネスを不愉快に思っている。習近平体制は軍ビジネスを取り締まろうとしている。

私は、この**ファーウェイがビットメインの背後にいて出資者としている**と睨《にら》んでいる。だから共産党政府は、ファーウェイという巨大通信会社が操《あやつ》ってビットコインという新規の通貨づくり（コイネイジ）することを快く思っていない。だからこの9月に、中国政府が「ビットコインを決済通貨として認めない、人民元に交換することはできない」という決定をした。規制が強化された。英BBCの報道を引用する。

「中国のビットコイン取引所が取引停止へ　規制強まるなか」

中国当局が仮想通貨の取り締まり強化を警告するなか、「ビットコイン」のオンライン取引所として中国の最大手の一つである「BTC《ビットコイン》チャイナ」は9月14日、ビットコインの取引を今月30日に停止すると発表した。BTCチャイナは当局の規制強化を取引停止の理由に挙げている。

中国の金融当局は、今月5日、仮想通貨を発行して資金を集める「新規仮想通貨公開（ICO＝イニシャル・コイン・オファリング）」（引用者注・取引市場づくり）を禁止すると発表した。

中国では仮想通貨の取引が急拡大し、金融リスクの上昇や投機の過熱が懸念されていた。14日夜のBTCの発表を受けてビットコインの価格は急落した。が、その後、下げの一部を取り戻している。

（BBC　2017年9月15日）

このように中国政府は9月5日の時点で、ビットコインは人民元《レンミンユアン》に置き換わらない、とはっきり決めた。習近平政権としては、軍のビジネスが勝手に動いているこのアナーキーな動きを封じ込めようとしている。

●巨大銀行連合が仮想通貨を乗っ取ろうとしている

ビットコインのコア技術をつくったマイク・ハーンという男がいる。もともとグーグルのエンジニアだった。彼が、ビットコインが市場で機能できるようにした。ところが、マイク・ハーンは「ビットコインはもうダメだ。未来がない」と諦《あきら》めた。そして「R3《アールスリー》」という組織に雇われた。

R3は、世界中の大銀行のコンソーシアム（共同事業体）である。「ギガバン・コンソーシアム」と呼ばれて、72の巨大銀行が参加している。2015年に、9行の銀行から始まった。JPモルガン、クレディスイス、HSBC（香港上海銀行）、UBS（スイス銀行）、バークレイズなどだ。日本も4つの大銀行が入った。日本の大銀行たちが10月に入ってぬけぬけと「私たち日本の銀行も仮想通貨を発行する」と公表し始めた。ブロックチエーンを習得したのだ。しかし、この動きは金融庁のお墨付《すみつ》きと画策の下でのものだ。いやらしい連中だ。

この「R3」が、仮想通貨（フィンテックも）を乗っ取ろうとしている。巨大コンピュータを複数、横につないでできる「P2P《ピートゥーピー》」（ブロックチェーンも基本は「P2P」だ）というネットワークを使うことで、銀行決済制度のスピードを上げて、劇的に手数料を下げることができる。これまでやってきた書類での途中の（不要な）手続きや書類交換、認証の段階なども大幅に省《はぶ》くことができる。2016年の12月に稼動を始めた、と言っている。

デビッド・ラターという男が「R3」の社長だ。このデビッド・ラターも、元はリバータリアンである。だから国家や税金制度や国境線を突破していくという考え方の人だった。けれども、自分の思想を曲げて、世界の大銀行連合体の音頭取りになった。現実の世界では、まだまだ大銀行連合や国家連合の言うことを聞かなければシステムが動かない、ということで、考えを曲げていった。

マイク・ハーンもリバータリアンである。国家や政府、権力者の言うことを聞かない人間のひとりだった。「ビットコインの通貨システムには支配者《ルーラー》は要らない」という、ものすごく強い思想をつくったはずだった。

マイク・ハーンは、２０１４年2月にマウントゴックスが破綻したときに、前述のように「ビットコインは終わった」と発言して、ビットコイン批判を始めた。それで技術者としてR３に入った。

しかし、それでもなお、人類（人間）を上から押さえつける仕組みそのものを打ち破って、国家の統制から逃れ出していく通貨という考え方が次々に出てくるだろう。

「ビッグブラザー・イズ・ウォッチング・ユー」"Big brother is watching you." という英語がある。ビッグブラザー＝大きなお兄さん、というのは支配者《ルーラー》のことだ。巨大な目が、あなたの生活を24時間ずっと監視している。世界中はビッグブラザーによって支配されているという思想である。

今は本当に、どこにでも監視カメラがある。私たちを監視している。だから、このビッグブラザーを認めないというリバータリアンの思想が、それと対決するのだ。

法律による管理統制という考えを打ち破っていこうとする動きは、必ずこれからも起きる。あと5年で、通貨《マネー》とは何か、の考え方も相当大きく変わる。各国の通貨当局と中央銀行、金融庁、国税庁（税務署）が力を無《な》くしてゆく時代が、すでに起きているのだ。

●仮想通貨と実物資産が結びついて、新たな世界通貨体制ができる

「まえがき」とP96で書いたが、私は、新しい世界通貨（ニュー・ワールド・カレンシー new world currency ）としての仮想通貨ができると思う。

今のビットコインたちは各国政府の取引規制（政治弾圧だ）がさらに強化されて、叩き潰されるだろう。だが、それでも、これらの仮想通貨（サイバー・カレンシー）には「中心《センター》がない」。だから、世界を操る権力者たちや支配層の言いなりにならない。

この仮想通貨たちが、実物資産《タンジブル・アセット》と結びつくならば、実体のある資産で仮想通貨が保証、担保されるなら、それが新しい世界通貨となるだろう。私がもう20年間ずっと唱えてきた「コモディティ・バスケット通貨体制《カレンシーオーダー》」が、新たな世界通貨体制として出現するだろう。「コモディティ・バスケット」とは、実体を持つ基本物資（コモディティ commodity ）である金《きん》や銀、銅、レアメタル（稀少金属）などの鉱物資源と、エネルギー（石油と天然ガス）、さらに小麦や豚肉などの食糧品目までを含めた実物資産によって

裏打ちされる通貨体制である。

これらの実物資産の、世界中に存在する総量のすべてを金額換算して、大きな籠《かご》（バスケット）に入れたものが「コモディティ・バスケット　commodity basket　」である。

第2次世界大戦が終わる（日、独、伊の負け）1年前の1944年7月に、戦後世界の通貨体制として、金・ドル体制（ブレトンウッズ体制。ここで金1オンス＝35米ドルと決められた）ができた。これが1971年の〝ニクソン・ショック〟（金とドルの交換停止を発表）で一旦、崩壊した。ところがこのあと（翌年）、アメリカ政府は、「米ドルが世界中の石油取引の唯一の決済通貨である」と決めてつくり変えて、「ドル・石油体制（ロックフェラー石油体制。修正ＩＭＦ体制）」に衣替えした。

しかし米ドルの世界的な信認（信用）は徐々に失われた。米ドルは、このあと40年間で下落を続けて、1ドル＝360円（固定相場だった）から、2011年には1ドル＝75円にまで落ちた。この6年間は110円で推移している。そして「ドル・石油体制」を保持してきた〝世界皇帝〟デイヴィッド・ロックフェラーが、2017年3月20日に101歳で死んだ。ゆえにこのドル・石油体制（修正ＩＭＦ体制）は終焉《しゅうえん》を迎えつつある。敗戦後72年である。

だから仮想通貨が、「コモディティ・バスケット（実物資産）」と結合し裏打ち（担保、保証）されることによって、次の世界通貨体制ができてゆくだろう。それは、2000年のＩＴ《アイティー》バブル崩壊のあとの通信技術の急激な発達で、通信のフル・デジタル化が完成したからだ。

第2次大戦後の世界秩序《ワールド・オーダー》は、ＩＭＦ《アイエムエフ》（国際通貨基金）と世界銀行《ワールド・バンク》という兄弟組織とともに始まった。これが前述したブレトンウッズ会議で決まった。この会議では、大《だい》戦争の勝利者であるアメリカの米ドルによる支配体制にする、とアメリカ政府（ハリー・デクスター・ホワイト代表）が主張したのに対して、イギリスの大経済学者であるジョン・メイナード・ケインズ卿《サー》が、「そういうわけにはゆかない」と反論した。

そして、ケインズは、新しい時代の世界通貨《ワールド・カレンシー》としてバンクオール bankall を提案《アイデア》した。強国（超大国）の意志で動かされる世界を予《あらかじ》め阻止するために、「中心を持たない《ノンセントラルシステム》」、権力者たちに動かされない、経済実態を反映して動く貨幣《マネー》にすべきだ、とバンクオールを強く主張した。

このケインズが予言したものが、おそらく今、騒がれている仮想通貨だったのだろう。

ケインズは天才である。

米ドル紙幣は、今や見るも無惨に輪転機で製造（コイネージ）され、際限なく世界中に垂《た》れ流されている。アメリカ帝国は自制を失い、ドル紙幣の紙キレ化とともに没落してゆく。

4

フィンテックから民泊まで 副島隆彦が見通す未来

●インターネット決済を始めたピーター・ティールという男

仮想通貨（サイバー・マネー）につながるデジタル決済の〝生みの親〟は、ピーター・ティール Peter Thiel という男である。

インターネット上でオンライン決済のサービスを提供する会社がどんどん大きくなっている。主要なところは、ペイパル PayPal、スパイク spike、ストライプ stripe、アマゾン・ペイ amazon.pay、ライン・ペイ LINE.pay、アップルペイ applePay、それからP56で前述したアリペイ Alipay などだ。

何より大事なのはペイパルという会社だ。ペイパルはピーター・ティールが1998年につくった。ピーター・ティールは「インターネット決済」という考え方を始めた。これは銀行を通さなくても、お金の支払いとか送金とかの決済ができるという思想である。

ところが、その3年後の2002年に、ピーター・ティールは「もう駄目だ」とペイパルをインターネット・オークション会社のイーベイ eBay に売り払ってしまった。2015年に、ペイパルはイーベイから分離して、ふたたび独立した。

ペイパルの力は非常に強い。この会社から巣立った「ペイパル・マフィア」と呼ばれる

「ペイパル・マフィア」とは何か

PayPal

創業時のメンバー

ピーター・ティール → クラリウム・キャピタル
イーロン・マスク → テスラ・モーターズ
マックス・レフチン → スライド

テスラ・モーターズ
ロケット開発のSpace Xに続き、2003年にイーロン・マスクが創業。電気自動車を開発。

クラリウム・キャピタル
ピーター・ティールがＣＥＯのヘッジファンド。Linkedinなどの立ち上げに投資している。

slide スライド
ＳＮＳ用アプリを開発・提供する会社。2010年にグーグルへ売却し、レフチンも役員になった。

ペイパル出身者が起業した主な会社

リンクトイン　創業者：リード・ホフマン
2003年５月から始まったＳＮＳの会社。ビジネス・パーソン向けに特化している。

イェルプ　創業者：ジェレミー・ストップルマン
地元の店舗などローカルビジネスのレビューに特化したＳＮＳ。

ユーチューブ　創業者：チャド・ハーリー
動画共有サービス。スティーブ・チェン、ジャウエド・カリームが共同創業者。

ヤマー　創業者：デイヴィッド・サックス
2008年からサービスを開始した企業向けのＳＮＳ。2012年、マイクロソフトに買収された。

キヴァ　創業者：プレマル・シャー
インターネットで小口金融を行なうＮＰＯ。途上国の小規模事業と出資者を仲介する。

参考：WIRED（2011.6.15）

ペイパルは1998年12月にPayPal Inc.の社名で設立。2002年にeBayに買収され、その子会社となっていた。しかし2015年７月にPayPal Holdings Inc.の社名で独立した。創業メンバーは「ペイパル・マフィア」と呼ばれ、シリコンバレーで数々の有名企業を立ち上げる天才起業家集団となった。

連中がいて、今もＩＴ系の新企業をどんどん立ち上げている。ピーター・ティール自身は、今はクラリウム CLARIUM というヘッジファンドの社長をしている。フェイスブックの取締役でもある。今や私たちにも身近のユーチューブ YouTube も、ペイパルのデザイナーだったチャド・ハーリーというインド人たちがつくったのだ。

ピーター・ティールは、ドナルド・トランプが大統領になることを強力に支持した企業者だ。リバータリアンに近いのだ。２０１6年11月9日にトランプが当選したあと、彼はすべてのＩＴ業界の大物たちを取りまとめた。12月14日に「トランプ新政権を支える」という趣旨でトランプ・タワーの25階に集結させた（左の写真）。

そこにはシリコンバレーのＩＴ大企業のＣＥＯたちが、ほとんど集まった。アマゾンのジェフ・ベゾスもいた。グーグルの親会社であるアルファベットのラリー・ペイジもいた。その他の面々は以下のとおりだ。

イーロン・マスク（テスラ・モーターズ）、シェリル・サンドバーグ（フェイスブック）、ティム・クック（アップル）、ブラッド・スミス（マイクロソフト）、サフラ・カッツ（オラクル）、サティア・ナデラ（マイクロソフト）、アレックス・カープ（パランティア）、チャック・ロビンス（シスコ・システムズ）、ブライアン・クルザニッチ（インテ

「トランプ政権を支える」シリコンバレーの大物たちが集まった

写真：Bloomberg/getty

ドナルド・トランプが当選した１カ月後の2016年12月14日、ニューヨークのトランプタワーにアメリカのＩＴ企業のＣＥＯたちが集まった。選挙戦でトランプを支持していたのはピーター・ティールただ一人だった。彼がシリコンバレーの大物たちをとりまとめて、この会合が実現した。トランプが嫌っているアマゾンのジェフ・ベゾスも参加した。

ル）、ジニ・ロメッティ（ＩＢＭ）。

このときトランプの隣に座ったのがピーター・ティールである。彼はそれぐらいの大物で、フィンテック（ファイナンシャル・テクノロジー）という考え方も、ここから生まれたと言っていい。

ピーター・ティール自身は同性愛者だ。大統領選挙中の２０１６年7月21日に、共和党全国大会のスピーチで「私は自分がゲイであることを誇りに思い、共和党員であることを誇りに思います。しかし、それよりもまずアメリカ国民であることを誇りに思います」と宣言して、ＬＧＢＴ《エルジービーティ》であることをカミングアウトした。自分が所有する高層ビルの中にＬＧＢＴ（今は、このあとＱをつける。Queer は「その他、変な人たち」という意味だ）の同志がたくさん集まって仕事をしている。〝ティールズ・タワー〟と呼ばれている。自分が同性愛者だと暴いた雑誌とジャーナリストのことを恨《うら》んでいる。

テスラ・モーターズのイーロン・マスク（ Elon Musk ）とは学生時代からの仲間である。マスクもペイパルの前身であるエックス・ドットコム社 X.com を立ち上げ、ペイパルの共同創業者（コアファウンダー）になっている。

やはりペイパルがモバイル決済、コンビニ決済などの原型になった

フィンテック企業の全体図

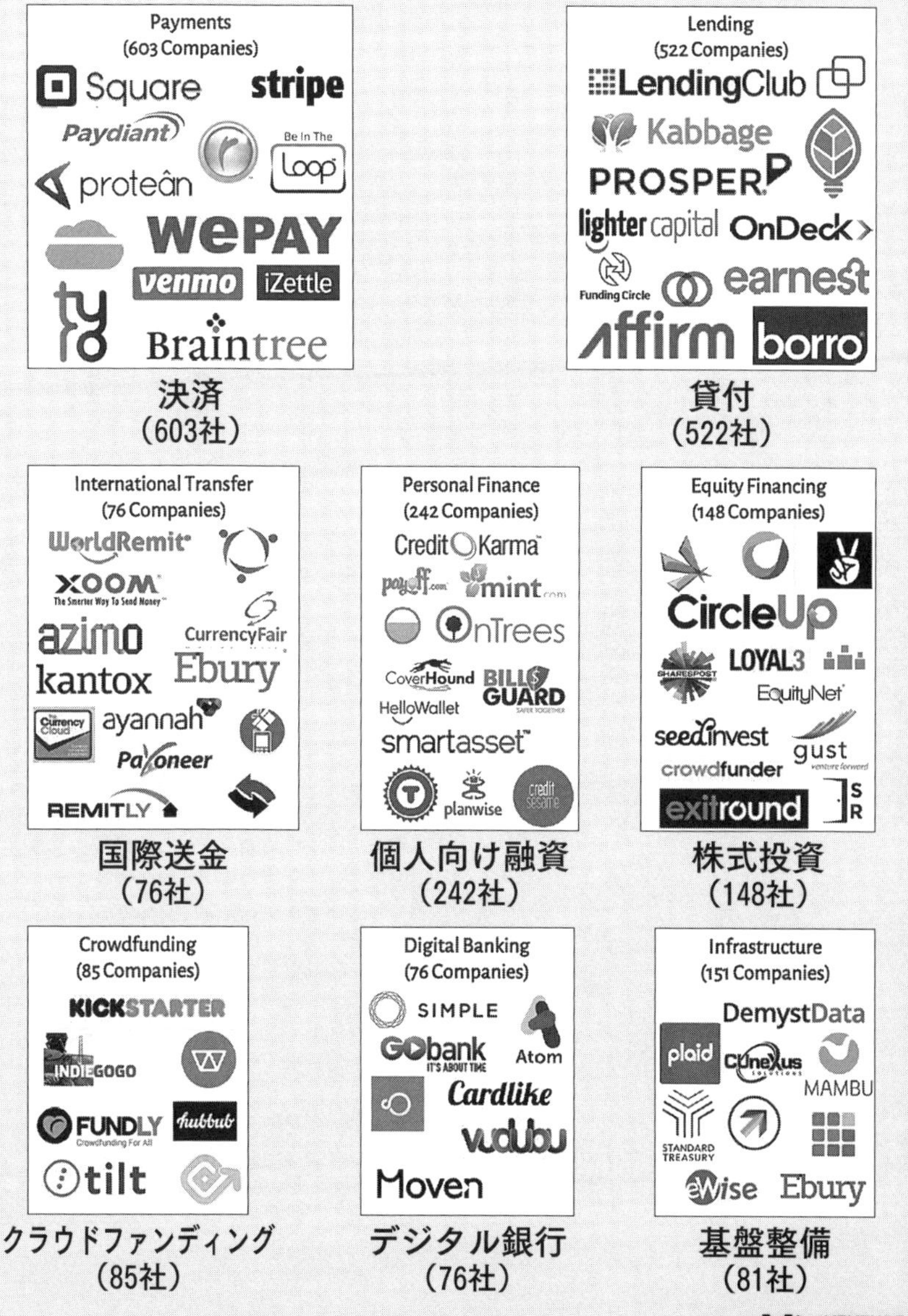

出所：VENTURE SCANNER

非接触型《コンタクトレス》・金融決済《ペイメント》制度の始まりである。イーベイから独立したペイパルは今も、ものすごい力を持っている。

フィンテック企業の全体図を、主要な業態ごとにP177に載せた。アメリカのベンチャー・スキャナー Venture Scanner という調査会社《リサーチカンパニー》が、２３０９社のフィンテック企業各社のロゴをカテゴリー別に分類した。その左端の一番上のところがペイメント（決済）である。ここにペイパルのロゴはない。なぜペイパルがないのかを私がベンチャー社にメールで問い合わせたら、「ペイパルはすでに名門企業です。この図には新進気鋭の革新的な会社を選びました」という回答をもらった。これらのフィンテックの会社は、やはりペイパルから出発している。ペイメント以外のいろいろな会社も、多くがペイパル・マフィア系でできている。

ただし、下のほうのデジタルバンキング Digital Banking とかクラウドファンディング Crowdfunding（大衆向けの資金の提供業）などは、日本ではまだそれほど発達していない。中央の右端にあるエクイティ・ファイナンシング Equity Financing とは、株の売買を直接ペイパルのような会社で行なうということだ。「ビットコインで決済ができる」とかを大きくうたっている。レンディング（Lending　貸付）というところは、ネット貸付を直接できるようになっている。日本では金融庁が「投資家を保護するため」と邪魔するから、これらは発達しない。

●仮想通貨は金融市場のフロンティア（最前線）か

私は、**今の世界のフロンティアは一体どこにあるのか、**ということを真剣に考えた。お金の支払いを仮想通貨でできるようになることは、金融市場におけるフロンティア（最前戦）だ。

新しいフロンティア、すなわちこれまでにないような新しい世界に踏み込んでゆく者たちがいる。そうしないと人生がつまらない。毎日、毎日の生活が息苦しくて仕方がない。現在ある株式や債券や為替の博奕《ばくち》の市場に、もう飽きてしまった。そんなものではない、もっと新しい金融市場が欲しい。そのように考える獰猛《どうもう》な人間たちは危険と大損を覚悟でフロンティアに向かってゆく。それが今回は、ビットコイン、仮想通貨というフロンティアなのだ。

ある種の特殊な人間たちは、これまで誰も行ったことがないところに出て分け入ってゆく。探検家《エクスプローラー》とか、冒険家《アドベンチャラー》だ。冒険して死んでしまう場合がたくさんある。それでも行く。自らがパイオニア（開拓者、開拓農民）となって、国境地帯の荒れ果てた辺境の地《フロンティア》に送り込まれてゆく。泥んこだらけの街に、お尋ね者（犯罪者）や、社会のあぶれ者たちで満ち溢れた西部の開拓村だ。

パイオニアというのは、鉄砲を持たされて騙《だま》されて、国境地帯に捨てられに行く農民たちのことだ。満蒙《まんもう》開拓団や屯田兵《とんでんへい》のことだ。この一攫千金《いっかくせんきん》狙いや一旗揚げ組の新たなバクチ市場の冒険物語として仮想通貨がある。

仮想通貨を使って、前述したペイパルやストライプでの電子決済（エレクトロニック・セツルメント electronic settlement ）が成立するためには、西部劇のならず者たちの間でもお互いの取引に最低限度の信用 creditworthiness《クレジットワーシネス》 がなければいけない。

この creditworthiness（信頼関係）をどうやってつくるかが大事なのだ。このリバータリアンの思想を盗もうとして、大銀行どもが仕組み（ブロックチェーン）を泥棒しようとしている。三菱東京ＵＦＪ銀行と、みずほ銀行が独自の仮想通貨を始めると言い出した。「三菱東京ＵＦＪの看板で皆さんの取引の安全と信用を守りますよ」と、自分自身が博奕の賭場《とば》を開設する胴元《どうもと》（ヤクザの大親分）の役《やく》を買って出たのである。ただし、根っ子が権力（お上公儀《かみこうぎ》）の手先であるから関八州取締役《かんはっしゅうとりしまりやく》、火付《ひつ》け盗賊改《とうぞくあらた》め役（奉行）との連携である。許しがたいやつらだ。

「仮想通貨で決済を　三菱ＵＦＪが「ＭＵＦＧコイン」発表」

三菱ＵＦＪフィナンシャル・グループは10月2日、仮想通貨ビットコインで使われる技術を使った決済システム「ＭＵＦＧコイン」を発表した。銀行口座のお金を「1円＝1コイン」で両替し、スマートフォンで簡単に支払える。口座間の送金がしやすく、まとめ払いをすぐに精算する「割り勘」などがしやすいメリットがある。

電機業界などのＩｏＴ《アイオウテイ》（モノのインターネット）技術展示会「シーテックジャパン」で発表した。自動販売機を使った実演では、スマホアプリで口座のお金をコインに交換する。スマホに表示したＱＲ《キューアール》コードを自動販売機に読み込ませてペットボトルの水を買えた。使われるのはビットコインで使われる「ブロックチェーン」と呼ばれる技術。従来の銀行決済とは異なり大型の中央コンピューターが不要で、低コストで構築したシステムで即時決済ができる。三菱ＵＦＪＦＧは、社員1500人でコインを使う実証実験《じっしょうじっけん》を進めており、今年度中にもその範囲を全社員に広げて、実用化に向けた検証を進める。

（朝日新聞　2017年10月2日）

大銀行というのは、このような権力の走狗《そうく》となることを、いけしゃあしゃあと、実演《じつえん》までしてみせる者たちである。浅ましい根性をした者たちだ。ビットコイン（仮想通貨）は、国家統制と国境線を越えて外側に逃れ出てゆく思想として生まれたものを、再度、体制の中に置き戻そうという愚劣なことをやっている。そしてそのことを、この大銀行のエリート先端頭脳の秀才たちは喜々として、無自覚でやっている。政治思想《ポリティカル・ソート》の勉強を何もしたことのない大企業奴隷たちだからだ。

●アマゾンとトランプの激しい対立

それでも非接触型（コンタクトレス）の、インターネット上でのオンライン決済が進んできた。ここには今や老舗《しにせ》のＩＴ《アイティー》業界の老いぼれどもであるグーグル（アンドロイドペイ）とアップル（アップルペイ）がいる。そして、アマゾン Amazon である。アマゾン

トランプはジェフ・ベゾスが大嫌いである（トランプのTwitterから）

Donald J. Trump
@realDonaldTrump
Follow

Is Fake News Washington Post being used as a lobbyist weapon against Congress to keep Politicians from looking into Amazon no-tax monopoly?

11:36 AM - Jul 25, 2017

19,627 17,405 62,791

Donald J. Trump
@realDonaldTrump
Follow

The #AmazonWashingtonPost, sometimes referred to as the guardian of Amazon not paying internet taxes (which they should) is FAKE NEWS!

10:06 PM - Jun 28, 2017

30,263 13,366 54,221

Donald J. Trump
@realDonaldTrump
Follow

The @washingtonpost, which loses a fortune, is owned by @JeffBezos for purposes of keeping taxes down at his no profit company, @amazon.

12:08 AM - Dec 8, 2015

400 1,476 2,614

アマゾン＝ワシントン・ポストを“口撃”している。下線は引用者。

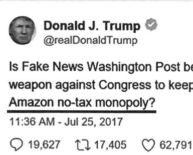

という企業は1994年に、カダブラ・ドットコムCadabra.comという名前のネット書店から始まった。ネットで決済をする仕組み（電子商取引。Eコマース）で物流を扱うということを始めた。

バーチャル・ショップ（仮想店舗）の始まりである。それが今、急に、「しまった。もう俺たちは次の大きな波にのみ込まれそうだ」で、実《じつ》店舗（リアル・ショップ）に回帰しつつある。「自分たちは、ネット・ショップで物流（配達）を門付《かどづ》け、周旋屋《しゅうせんや》でボロ儲けしたに過ぎなかった」とハタと気づいたのだ。

創業者のジェフ・ベゾス Jeffrey Preston Bezos は1997年に急拡大したアマゾンをナスダックに上場させた。余裕資金で次々に企業を買収していって、アマゾンは世界中で巨大化した。2013年には140年の歴史を持つ主要新聞の「ワシントン・ポスト」紙をたった300億円（2・5億ドル）で買収して、「ワシントン・ポスト」のオーナーにもなっている。

ジェフ・ベゾスはトランプと激しく対立し、争っている。P185にツゥイッター「Twitter」の文を載せたとおり、ドナルド・トランプは2015年から、そして大統領になってからもジェフ・ベゾスを公然と罵《ののし》って、互いに大嫌いなのだ。一番下のツゥィッターには「ワシントン・ポストは未来を失った。ジェフ・ベゾスに買収されたからだ。その目的は赤字のワシントン・ポストを買収して、アマゾンの税金をさらに減らすことだ」と書いてある。「ベゾスはWapo《ワポ》（ワシントン・ポスト）を自分の防御用に使っている」とも書く。「お前（ベゾス）は税金を全然払わないで、世界中をあちこち逃げ回りながらノータックス・モノポリーをやっている」と。

大統領になってからも少しは自重《じちょう》するかと思ったら、トランプは「アマゾン、ワシントン・ポスト、ジェフ・ベゾスは許さん」とツゥィッターで激しく攻撃している。**「私（トランプ）も会社を3つ潰した。3回潰れて、そのたびに払った税金の還付《かんぷ》を受けたけれども、それでも私はお前（ベゾス）の4倍ぐらいは税金を払ってきたぞ」**と書く。

アマゾンはヨーロッパの小国ルクセンブルク（租税回避地《タックス・ヘイヴン》の国）に海外本部を置いている。そこを拠点にして複雑な税金逃《タックス・イベイション》れを行なっている。何百人もの税理士《タックス・ロイヤー》を使って極めて複雑なお金の動かし方で、ほとんど税金を払わないで生き延びてきている会社だ。

この7月26日に、アマゾンの株価は1052ドルに撥《は》ね上がり、時価総額で5032億ドルになった。5000億ドル（55兆円）を超えたのだ。一瞬だがアップルを抜いて世界一になった。今はアップル、グーグル、マイクロソフトに次ぐ、アメリカで4番目だ。このとき、ジェフ・ベゾスの個人資産も900億ドル（10兆円）になった。

私は、おそらくここがアマゾンのピークであり、これから激しく叩かれるだろうと判定（予言）した。アマゾン（ベゾス）は、世界中で悪いことばかりして、ついにピークアウトしたのだ。日本の出版業界（書店、取次店）を無料配達でいじめ抜いてボロボロにしたのがアマゾンである。私も著者として、この業界で生きているから、ジェフ・ベゾスへの憎しみは深い。日本人は、ボケっとしていないで闘わないといけないのだ。10月になって、私のこの予言が当たった。前述のルクセンブルクの拠点が追徴課税されることになった。

「アマゾンから330億円追徴を＝ルクセンブルクに命令―欧州委」

欧州連合（EU）欧州委員会《コミッション》は、10月4日、米インターネット通販最大手アマゾン・ドット・コムが受けてきた優遇税制が違法な国家補助に当たるとして、進出先のルクセンブルク政府に対しアマゾンへの追徴課税を命じた。欧州委は追徴額が2億5000万ユーロ（約330億円）前後になると試算している。

欧州委は2016年に、米アップルとアイルランド政府（引用者註。ここも税金逃れに使われる）に関する同様なケースで、違法な国家補助に該当すると認定し、最大130億ユーロ（約1兆7000億円）の追徴課税を求めた。今回の決定で多国籍企業による租税回避の動きを容認しない姿勢を改めて示した。

（時事通信　2017年10月4日）

だが、アマゾンにとっては大したことのない課税だ。この他にアマゾンは、無料配達をやめて、「1セントを客から取る」に改めた。

アマゾンは何でも売る。ウィ・セル・エニシング We sell anything. と言って、どんなものでも売るという思想である。ユダヤ人の思想である。たとえばノーベル賞授章者の金メダルも売っている。ウォルマートでさえアマゾンに負けた。世界最大のスーパーマーケットチェーン店であるウォルマートも、アマゾンの脅威の前に力が衰えた。

消費者《ユーザー》は、アマゾンのネットショッピングで何でも買える。ところがジェフ・ベゾスは、ある日ハッと気づいた。消費者は自分のアカウントをつくって、クレジットカード決済でアマゾンという仮想店舗から購入する。しかしアマゾンが自分で販売しているわけではない。アマゾンは各国、各地に巨大な倉庫を持っているだけの、ただの物流拠点である。決済（支払い）すると配達業者が、日本でならクロネコヤマトや佐川急便が運んでいる。

アマゾンは、この8月にホールフーズ・マーケット WoleFoods Market を買収した。ホールフーズは自然食品を売る高級スーパーだ。普通の野菜や果物を5倍ぐらいの値段で売る。安いスーパーで買えば1ドルの果物を5ドルで売っている。1ドルの鳥のささ身を、代用品プロテイン合成品（豆腐のようだ）で、5ドルで売っている。有機栽培《オーガニック》の無農薬の農産物で、汚染されていない高級品で人気があったが、さすがに飽《あ》きられた。

アマゾンはホールフーズを140億ドル（1兆5000億円）で買収した。どうやらバーチャル・ショップ（仮想店舗）からリアル・ショップ（実《じつ》店舗）へと戦略転換したらしい。やはり自分自身で現場のお店を持っていなければいけない。

日本のコンビニと組んで、楽天やユニクロが、「店頭受け取り」という仕組みを始めた。客がインターネットで決済した商品をコンビニまで配送する。客はコンビニに受け取りにいく。「いちいち家まで配達しません」という段階に来た。

バーチャル・ショップからリアル・ショップへが、このあとどうなるかは、まだ分からない。現物の商品を手に取って自分の目で見る（品定めする）のは大事だ。バーチャルなスマホ画面だけで物を買う時代も終わってゆく。

もう30年前の映画だが、ディズニー制作の「トロン Tron」（1982年）では、コンピュータ画面からバーチャルな世界に入った主人公が、バーチャルな家族とバーチャルな人生を楽しんでいた。ところがバーチャルなフードは、どうしても食べられなかった。そういう映画があった。

●IoT《アイオウテイ》で無人化が進むと、どうなるか

物流の現場では無人化が進んでいる。パナソニックとローソンが実行した。

「パナソニックとローソン、セルフレジロボ導入―コンビニの省力化促進」

パナソニックとローソンは12月12日、商品の精算と袋詰めを自動で行うセルフレジ機「レジロボ＝写真」を2017年下期以降にローソン10店舗程度に導入すると発表した。パナソニックが開発した実験機1台を「ローソンパナソニック（本社）前

店」（大阪府守口市《もりぐち》）に設置し試験サービスを始めた。実証を重ね、人手不足や業務の複雑化が課題となっているコンビニエンスストアの省力化につなげる。

（日刊工業新聞　２０１６年12月13日）

ついに完全無人化のコンビニができた。「レジロボ」と名乗る装置に、買ったものを置くと、代金計算と袋詰めまでやる。どこかで人間（店員）が監視しているのだろうが。

これが物流におけるＩｏＴ《アイオウティ》（Internet of Things　インターネット・オブ・スィング ス）だ。私は本書の第1章で「銀行消滅」として「金融の急激なＩＴ化に合わせて銀行自体もフル・デジタル化を進める。人員を減らしコストを削減する」と書いた。無人化（ロボット化）とは労働者がいらなくなるということだ。恐ろしいことだ。

だが**私は、さらなるＡＩ《エイアイ》（人工知能）＝ＩｏＴのことを内心でバカにしている。**バカでも放っておけば〝技術の進歩〟でどんどん進む。それよりは、人類にとってのより大きな課題は、前述の国家と権力者たちを越えてゆくリバータリアニズムのビットコインの思想である。私は「ＡＩか、ビットコインか」と2つに大きく分けて考えたときに、ハッと自分の頭が大きく何かを摑《つか》んだ。この分岐《ぶんき》が大事なのだ。

自動運転 6つのレベル

レベル 0	自動化なし	人間のドライバーがすべてをコントロールする
レベル 1	ドライバーアシスト	クルーズコントロールなどのアシスト機能が含まれる。車両をコントロールするのは人間
レベル 2	部分的自動化	複数のアシスト機能が同時に作動するが、人間のドライバーによるコントロールが必要
レベル 3	条件付き自動化	特定の状況に限定した自動運転。必要時には人間が介入する必要がある
レベル 4	高次の自動化	特定の運転場所・環境に限定した自動運転。人間の介入は不要
レベル 5	完全自動化	車両が目的地まで自動で運転

ＩｏＴを支えているのはセンサーの技術である。無人コンビニの「レジロボ」も、たくさんのセンサーをつけている。センサーは、人間を監視する道具である。

センサーは、感知して読み取った情報を電気信号に変換して送信（通信）する精密機器である。だからセンサーの感知能力と通信速度が進むと、ＩｏＴ＝無人化が進む。「そして誰もいなくなった」（アガサ・クリスティのミステリー小説名）というのは暗い冗談（メタファー）である。

自動車の無人運転（自動運転）にも、ものすごい数のセンサーがついているだろう。ドイツのアウディが、２０１８年に発売する

「A8」というレベル3（条件つきの自動化。P191の表を参照）の自動車には、7種類24個のセンサーが取りつけられる。センサーで人や障害物を感知して、車線をはみ出さないで、危険な走行ができないように制御する。

●自動運転（運転の無人化）と電気自動車の時代は、まだまだ遠い

自動車会社大手は、身体障害者の人たちが運転できる車の開発から始まって、今はこの自動運転と、EV《イーヴイ》（Electric Vehicle《エレクトリック ヴィークル》 電気自動車）の世界に入っている。アメリカで最先端の電気自動車会社は、イーロン・マスクのテスラ・モーターズ Tesla Motors である。イーロン・マスク（ロシア系）は、前述したペイパル（ピーター・ティール。ドイツ系）の共同設立者でもある。電気自動車は、ものすごい勢いで技術が進歩して、人類はもう電気自動車の段階に入ったと言われている。だが私は、どうもこのEVをあまり信用していない。あと20年はダメだろうと思っている。電池《バッテリー》が重すぎる。1台あたり1トンもの重量のリチウムイオン電池を積んでいる。これの修理代と処理費がまだまだバカらしく高いのだ。

テスラは2015年に「モデルX」(20万ドル、2000万円)という高級電気自動車の販売を始めた。この7月からは新型の「モデル3」の生産を開始している。ひとつ前の「モデルS」は8万ドル(1000万円)だが、「モデル3」のほうは、なんとその半分以下の3万5000ドル(400万円)である。30万人が予約待ちしているという。

私も東京でホヤホヤのこのテスラの電気自動車(EV)に乗せてもらった。そのとき普通の自動車にはない急発進にびっくりした。時速100キロまでたったの2・3秒で行くという。

テスラの「モデルS」は、自動運転でまだ1件だけだが死亡事故を起こした。

「テスラ車死亡事故、米当局が自動運転が一因と報告へ」

米運輸安全委員会(NTSB)は、テスラの電気自動車で起きた衝突死亡事故について、同社の自動運転(オートパイロット)機能が原因の1つだとの結論を記した報告書を9月12日に公表する。事情に詳しい2人の関係者が明らかにした。

この事故は昨年5月、テスラの「モデルS」を運転していた40歳の男性がフロリダ州でトラックに衝突して死亡したもので、その際にオートパイロット機能が作動していた。

関係者の話では、オートパイロット機能は運転手に相当の期間、ハンドル操作や路上に対する注意をしないで済む環境を許容してしまったので、事故の一因になったと判断されたとみられている。ＮＴＳＢは、テスラが運転手の過失やオートパイロット機能の間違った使用を防ぐためにもっと対策が講じられたはずだとの見解を報告書に盛り込む見通しだ。


（ロイター　２０１７年９月11日）


この事故で亡くなった運転者は、レベル３の自動運転モードでステアリング・ホイール（本当は「運転台」だ。どうもこの訳語もダメだ。日本ではステアリング・ホイールのことを、ハンドルと訳してしまった）から手を離していたという。そして道路を横切ろうとした大きな白いトラックに、吸い込まれるようにぶつかっていった。

今は、自動車のまわりにセンサーやカメラを搭載し、危険なときには自動的に止まるというレベル３の段階で各社が競争をしている。

それでもテスラのイーロン・マスクはＥＶ電気自動車に賭けている。この動きに日本のパナソニックが参加して大儲けをした。日本国内（姫路と尼崎）からの輸出だけでなく、アメリカのネバダ州に、テスラとの共同運営でリチウムイオン電池の「ギガファクトリー」という大きな工場をつくった。今年の１月４日から量産を始めた。この「ギガファクトリー」で、パナソニックが駆動装置からモーターから自動車の電気設備までつくるらしい。それをテスラに納品している。これでパナソニック（松下電産）は経営苦境を乗り切ったのか？　他にＧＳ《ジーエス》ユアサという優秀な伝統のある先端電池企業もある。

日本では、日産と三菱自動車がＥＶに力を入れている。どちらも国家戦略としてフランス（国営企業のルノーに合併させた）が買った。マクロン大統領（39歳、前は産業相）は、本当にずば抜けた能力があるのか。産業政策《インダストリアル・ポリシー》に優れていると言われる。三菱は「アイ・ミーブ」（i-MiEV）が２５０万円、日産の「リーフ」は、３００万円から５００万円ぐらいだ。価格は下がってきている。しかし、このリチウムイオン電池を処分して壊すとき、処理代に大きなお金がかかる。だから世界中でまだ個人用のＥＶはそんなに売れない。それから１回の充電で走行できる距離がよくて３００キロぐらいで短い。

私は、あと10年は電気自動車はダメだと思う。豊田章男《とよたあきお》のトヨタのハイブリッドカー「プリウス」と、「水素社会＝燃料電池《フューエル・セル》」自動車のほうが、あと10年は保《も》つ。

私が金融講演会《セミナー》で「まだトヨタ・章男の勝ち」と話したら、さる金持ち投資家から抗議の助言が来た。「副島さん、違うよ。テスラはすごいんだよ。もうエンジンなんかじゃダメなんだ。電動（モーター）時代だよ。トヨタ自動車のプリウスなんか複雑な仕組みをコンピュータで動かしている」と。この人物は人格者で先見《せんけん》の明《めい》のある人だから、私も一目《いちもく》置いている。だが、ここは勝負である。

たしかに電動《モーター》自動車が時速600キロで走れば、「空を飛ぶ電気自動車《モーター》」すなわち電動《モーター》飛行機になるだろう。テスラ社のイーロン・マスク（彼もトランプ応援団）と盟友のピーター・ティール（ペイパル・マフィアの頭目）も、「1970年代にはICBM（大陸間弾道ミサイル）とアポロ計画があった。そのあと何もない。私たちは空飛ぶ自動車をつくろうと思ったのに、できたのは140文字（SNS《エスエヌエス》への皮肉）だった」と嘆いた。

私は、前述したとおりAI（Artificial《アーティフィシャル》 Intelligence《インテリジェンス》　人工知能、ロボットやEV）の系統の発達を小馬鹿《こ》にしている。それよりは国家の壁と体制を越えてゆく新しいサイバー・マネーの金融道具（仮想通貨）のほうを重要視している。このことが大きく分かる人から上が、真に頭のいい人なのだ。

EVは、大気汚染がヒドい中国が、さっさと大都市の公共バスとかをすべてEVにするとか、でいいのだ。ドイツが、「俺たちはディーゼルエンジン車のメルセデスやＢＭＷ、ＶＷ《フォルクス・ワーゲン》なんかでやっていて大丈夫なのか」と心配し始めている。だが、ＥＶの先端技術だって、本当はドイツと日本にしかないのだ。何かを皆で勘違いしていないか。

●訪日外国人は年間で1億人になる。これがビジネスチャンスだ

その一方で、ＩＴ化が進み過ぎて、民泊《みんぱく》という妙なものが栄え始めた。

外国旅行者が安い宿泊施設（民泊）をネットで見つけて予約するウェブサービスの「Ａｉｒｂｎｂ」（エアビーアンドビー）は、２００８年にサンフランシスコで設立された。サービスがはじまって10年になる。Ａｉｒｂｎｂの「ｂｎｂ」（ビー・アンド・ビー Ｂ＆Ｂ）とは、ベッド・アンド・ブレックファースト bed and breakfast のことだ。私も昔ロンドンで泊まったことがあるが、ベッドと朝食が出るだけの安い簡易ホテルである。タオルはボロボロだった。

このＡｉｒｂｎｂが、世界中の国々の旅館やホテルを圧迫している。

使っていない部屋や一軒家を、使いたい人に貸して宿泊料をもらう。これが「民泊」と

日本語に翻訳されて、ジワジワと広まった。Ａｉｒｂｎｂは日本の旅館業法なんか平気で無視して鼻で笑っている感じだ。こんなことをされて、お奉行さま（ここでは国交省）の方が顔に泥を塗られたのだが、アメリカ様《さま》に文句も言えなくて恥をかいている。

日本に来る外国人（「インバウンド　inbound　」と言う）は、Ａｉｒｂｎｂのサイトから、日本の京都なら京都、奈良なら奈良の、登録してある普通の人の家の空いている部屋や近くのアパートを探して、そこに４０００円とかで泊まれる。日本の旅館業法は、「旅館業（お金をもらって人を宿泊させる営業）を経営する者は都道府県知事の許可を受けなければならない」と定めている。こんなものは相手にしない。

世界基準《ワールド・ヴァリユーズ》の口《くち》コミ（ワード・オブ・マウス　word of mouth　）の力である。「口から出る言葉」と訳すとおかしいが、今や世界基準の口コミだから、ものすごく強い。英語の書き込み欄で「あそこは親切だよ」と評判が立ったら。どんどん世界中から客が来る。代金の決済も、アメリカ人ならアメリカで済ませてしまうから、日本国内でのお金のやり取りはない。あるいは貸主が香港に開いている口座に入れてくれということもできる。

こうした現実に困った日本政府は、今年の３月に〝民泊新法〟（住宅宿泊事業法案）を閣議決定した。２０１８年１月から施行《しこう》予定である。これでホスト（Ａｉｒｂｎｂを通じて人を泊める側）は届出をしなければならなくなった。またAirbnbのような仲介サービスの会社は登録制になった。

それでも2020年の東京オリンピックまでは、とにかく外国人にたくさん来てほしいから、厳しい取り締まりなんかできはしない。困った京都市（長）が「1泊1万円以下は許さない」と、おかしなことを言い出した。

今、年間で約3000万人の外国人旅行者が日本に来ている。これが10年後には、おそらく1億人にまで増えるだろう。今の3倍である。なぜか。それはイギリスやフランスには、人口の1・2倍ぐらいの外国人旅行者が来ているからだ。フランスは人口6400万人だ。この国民数に対して、8000万人ぐらいの旅行者だ。ということは、日本の人口は1億2000万人だから、こっちも必ず1億人にまで増えるだろう。これは**アパート、駅前商業ビルの持ち主（資産家層）にとっては、ビジネスチャンスである。**2年半後のオリンピックまでに、Airbnb系の民泊はさらに発達する。

民泊の要点は、欧米白人を中心に泊まりたいと言ってくる人を受け入れて、ちょっと親切にしてあげるだけでいい、である。これからの民泊はゴースト・ビルディング（お化けビル）があって、世話焼きおばさんがひとりいればいい。簡単なご飯を食べさせたり、ちょっと親切にしてあげる。困っていることを教えて助けてあげると、旅行者は現地不案内で心細いから非常に喜ぶ。

日本に来る旅行者は、日本人の友だちがいない。向こうは英語で、必死で質問してくるから、やがて少しずつ慣れて英語がカタコトでしゃべれるようになる。言語の能力は必要に応じてしか発達しない。彼らと付き合っているうちに、どんどん仲良くなれる。口コミののネットワークで客が来る。これがビジネスの鉄則である。

ただし、「民泊禁止」という看板がアパートやマンションの入口に出ている建物では、やってはいけない。集合住宅での組合（自治会）で禁止の決議が出ているところと、トラブルを起こしてはいけない。単なる空き室利用ではなくて、中古の賃貸しアパートを超安《ちょう》価で買って（ただし駅近《えきちか》）民泊に転換するという考え方がいい。

旅行者の世話をするのが好きな世話焼きおばさんが、ひとりいてくれるのがいい。あとは清掃ぐらいだろう。騒がない、ゴミ出しで周りに迷惑をかけないということさえきちんと守れれば、ゴースト・ビルディングでも、木造モルタルアパートでも民泊は十分に成り立つ。

ゴースト・ビルディングのそばのコンビニで、欧米白人の若者が3、4人で立ち食いして

カール・マルクスの『資本論』の骨格

1	資本 capital	→ 利益 profit
2	労働 labor	→ 賃金 wage
3	土地（不動産） land	→ 地代 家賃 rent

いるという光景は、許されることだと思う。

日本はデフレ経済（不況）がずっと続いているから、食費がものすごく安くて済む。外国人旅行者からすると、ＪＲの交通費と国内飛行機代がバカ高いという欠点がある。それ以外は快適で、安全で住みやすい国である。これからは日本に外国人旅行者が1億人来るということを前提にものを考えるべきだ。北朝鮮の核ミサイル問題が過ぎ去ったら、次は、ここが焦点だ。

民泊を自分で始めるのは、決して今からでも遅くない。ただすでにネット上に悪質な民泊関連業者がいて、助言業者《コンサルタント》を装って、お金だけ取るために動き回っているから注意すべきだ。

カール・マルクスの『資本論』“Das Kapital”（初版1867年刊）には、三位一体《さんみいったい》の骨格がある。それは、①資本《キャピタル》から利益《プロフィット》が生まれる。②労働《レイバー》から賃金《ウェイジ》が生まれる。そして③土地《ランド》（不動産）から地代《レント》が生まれる、というものである（前ページの表）。

資本（投資）から利益が生まれ、労働で賃金がもらえるのは当然（自然）だと思うだろう。そして人間世界をつくっている基本骨格の3つ目は、土地と建物《リアル・エステート》（上物《うわもの》）から生まれる地代・家賃（レント rent）である。マルクスは最初から、この3つ目を体系の基本骨格に置いた。

今の経済学では、土地や家賃は軽視されている。しかし本当はそうではなくて、現に日本の大金持ち（資産家）たちの多くはアパート経営者であり、商業ビルの所有者である。そこから生まれる家賃収入で資産家として暮らしている。だからこの3つ目は基本骨格なのである。

アパート経営や商業ビルの賃貸し業《レント・シーカー》はなくならない。いくら政府が、不動産の税金を高くしても、あるいは不動産資産の部分が大きい相続税の課税をいくら強化しても、資本と労働と土地のこの三位一体はなくならない。ただし大経済学者のジョン・メイナード・ケインズは、この都市ビル貸し業《レント・シーカー》を不労所得（知恵もなく働かないで利益だけ取る者たち）

もっともっと富士山には外国人が押し寄せる

写真：共同

写真：時事通信フォト

外国人は世界基準（ワールド・ヴァリューズ）の富士山に近寄り、登りたがる。下の写真は５合目でバスを降りる外国人旅行者たち。ここから山頂を目指して登山する者も多い。

と毛嫌いした。

資本家すなわち企業経営者、及び銀行業と地主（ビル・オーナー業）は、対等の関係である。この他に労働者《ワーカー》というサラリーマン＝給与所得者たちが大量に存在する。このかたちで世の中はできていて、今後も変わらない。アパート経営（ビル・オーナー様）は大事な職業だと理解してほしい。

●「富士山ビジネス」に投資せよ

私たちは富士山に注目すべきである。日本人は富士山のすばらしさを分からなくなっている。今も外国人旅行者に大人気の富士山には、さらにさらにもっと外国人が押し寄せる。前述したとおり年間1億人の旅行者が日本に来る。外国人はワールド・バリューズ（world values　世界普遍《ふへん》価値、世界基準）で考えるから、世界文化遺産の富士山を見て、ものすごく登りたがる。山頂の剣ヶ峰まで登らなくても、とにかく死ぬほど富士山を見たがる。日本とは何か？　それは、「富士山《フジヤマ》、芸者《ゲイシャ》、蝶々夫人《マダム・バタフライ》、そして忍者《ニンジャ》、ゴジラ」だろう。外側からは、そのように見えるのだ。これは今後も変わらない。かえって日本人には理解できないことだ。これから〝富士山ビジネス〟は、ものすごく栄えるだろう。

7月10日から9月10日まで夏の3カ月間（山梨県側からの登山道は7月1日から）の登山期間、真夜中もずっと数珠《じゅず》つなぎで外国人たちが登っている。おそらく4割は中国人、欧米白人が3割、その他の国の人々が1割で、日本人は残りの2割ぐらいだろう。**外国人がものすごい数で、朝から晩まで富士山に登っている。**この現実を知ったら、富士山ビジネスがこれから栄えるとピンと来るだろう。

現在はP203の写真にあるように、5合目までバスで行って、そこから登って、8合目ぐらいの山小屋に泊まる。そして夜中の2時か3時に起きて、ご来光《らいこう》を拝むために暗い山道をただひたすら登ってゆく。人間の列がずっとつながって山頂まで行く。登山ルートは吉《よし》田《だ》、須走《すばしり》、御殿場《ごてんば》、富士宮《ふじのみや》の4本があり、山梨県側からも静岡県側からも登れる。

ただ山梨県側（富士山の北側）のほうは、アクセスの面で弱点がある。鉄道で行く場合、JR中央線の大月《おおつき》から富士急行に乗り換えて河口湖駅か富士山駅まで行く。そこからバスに乗らなければならない。山梨県と富士急とJR東日本が動いて、5合目まで鉄道を通す計画を2013年に発表した。

「富士山5合目まで鉄道で　富士急社長が構想」

富士急行の堀内光一郎社長は東日本旅客鉄道（ＪＲ東日本）の大月駅と河口湖駅を結ぶ富士急行線（総延長26・６キロ）を、富士山の５合目まで延伸する構想を明らかにした。６月21～23日（注・２０１３年）に富士山が世界文化遺産に登録される見通しで、観光用鉄道と位置付ける。環境影響評価などハードルも多く、構想を実現できるかは不透明だ。

構想では、富士北麓にある富士急行線終点の河口湖駅か、２つ手前の富士山駅付近から、山梨県の外郭団体が運営する有料道路「富士スバルライン」の敷地などを通り、富士山５合目までを結ぶ約30キロのルートに鉄道を敷設する。現状の道路をつぶして鉄道を通す。スバルラインは急斜面だが、通常車両で運行が可能という。堀内社長は成田空港からＪＲ線を使って富士山の５合目まで直通運転を目指す。

山梨県の横内正明知事もこの構想に対して「道路よりも環境への負荷が少なく冬も５合目に行ける利点がある。長期戦略として検討の余地はある。道路にはこだわらない」と話している。ただ今後、環境影響評価や自然公園法に基づく景観への影響や公益性についての審査を受ける必要があり、実現へのハードルは高そうだ。

（日本経済新聞　2013年6月19日）

記事にある富士急の堀内光一郎《ほりうちこういちろう》社長は、堀内光雄《みつお》（通産大臣をした）という優れた経営者で政治家の息子さんだ。彼らは本気で、富士山に鉄道を引く決意である。富士スバルインは平均で5・1％の勾配（斜度。100メートル進むと5・1メートル高くなる）で急坂である。最新の鉄道技術なら十分に対応できるだろう。5合目まで鉄道で行って、5合目に建設する大型ホテルに冬でも泊まれるようにするという計画である。こうやって富士山の周りの開発が急激に進む。

繰り返す。私たちは、これから1億人（今の3倍）の外国人が来るのだ、と分かるべきである。それをビジネスの種、投資の種にしてほしい。そこで私は外国人旅行者を支援する日本の企業で有望な銘柄を巻末に載せた。

5

日米〝連動〟経済は続く。そして……

●〝トランプ暴騰〟は、なぜ起きたか

NY《ニューヨーク》のダウ平均株価は、直近で2万2881ドルである（10月13日の終値）。その日の10時30分には18ドル高くて、2万2899ドルでまたしても史上最高値を更新した。左ページのグラフのとおりである。2016年11月9日にトランプが当選したときは、1万8000ドルを割っていた。〝トランプ暴落〟するかと私でも思った。嫌われ者のトランプが当選したからだ。ところがビューンと上がった。この動き「ロケット・シューティング」がまだまだ続くだろう。少しぐらい落ちても、また上がる。日本の日経平均も、それにつられて〝連れ高〟で、10月13日の株価は2万1155円である（P213のグラフ）。

これから、株価はどうなるか。**あと2年から3年の間は、このままじりじりと上がり続けるだろう。**

そのためにトランプが2人の男と組んでいる。左のグラフに載せたブーン・ピケンズ Boone Pickens とカール・アイカーン Carl Icahn である。この2人はトランプの長年の仕事仲間でニューヨークの財界人だ。資産を、それぞれ300億ドル（3兆円）とか500億ドル（5兆円）持っている、〝ドぎたな～い〟経営者で恐ろしい男たちである。彼ら

トランプの“ドぎたない”吊り上げ相場は続く

NYダウの推移（直近2年）

出所：Yahoo! ファイナンスから

の〝暗黙の了解〟で株価は支えられている。

ピケンズは日本でも乗っ取り屋として有名だ。1989年の3月に、小糸《こいと》製作所の株の20%を買い占めて、筆頭株主になった。あの金融バブルの頂点《ピーク》の日本で、トヨタ系の優良会社である小糸製作所を乗っ取りに来たのである。日本側は高い金を払って上手にお引き取り願った。

こういうNYの恐ろしいビジネスマンや不動産経営者たち30人ぐらいと、トランプは長年の盟友だ。大型商売を手がけ、それこそ自分の体を張って博奕《ばくち》も張る。

トランプ当選のあの11月9日（現地）の、NYの株の先物《さきもの》市場では700ドル下げていた。ところが、アイカーンが明け方にパーティー会場を抜け出した。そして9日の直物《じきもの》（現物《げんぶつ》）市場の始まりで、なんと大暴落のはずを逆バリで大量に買い上げて、ついに23ドルの上げにした。

それでアイカーンは自分の金融資産をこの月、倍にしたそうだ。つまり、300億ドル（3兆円）を600億ドル（6兆円）に増やした。そういう男たちだ。

私の予測はあのとき外れた。私はトランプが当選した直後の〝トランプ暴落〟を予測し

日経平均の“連れ高”相場も続く（直近３年）

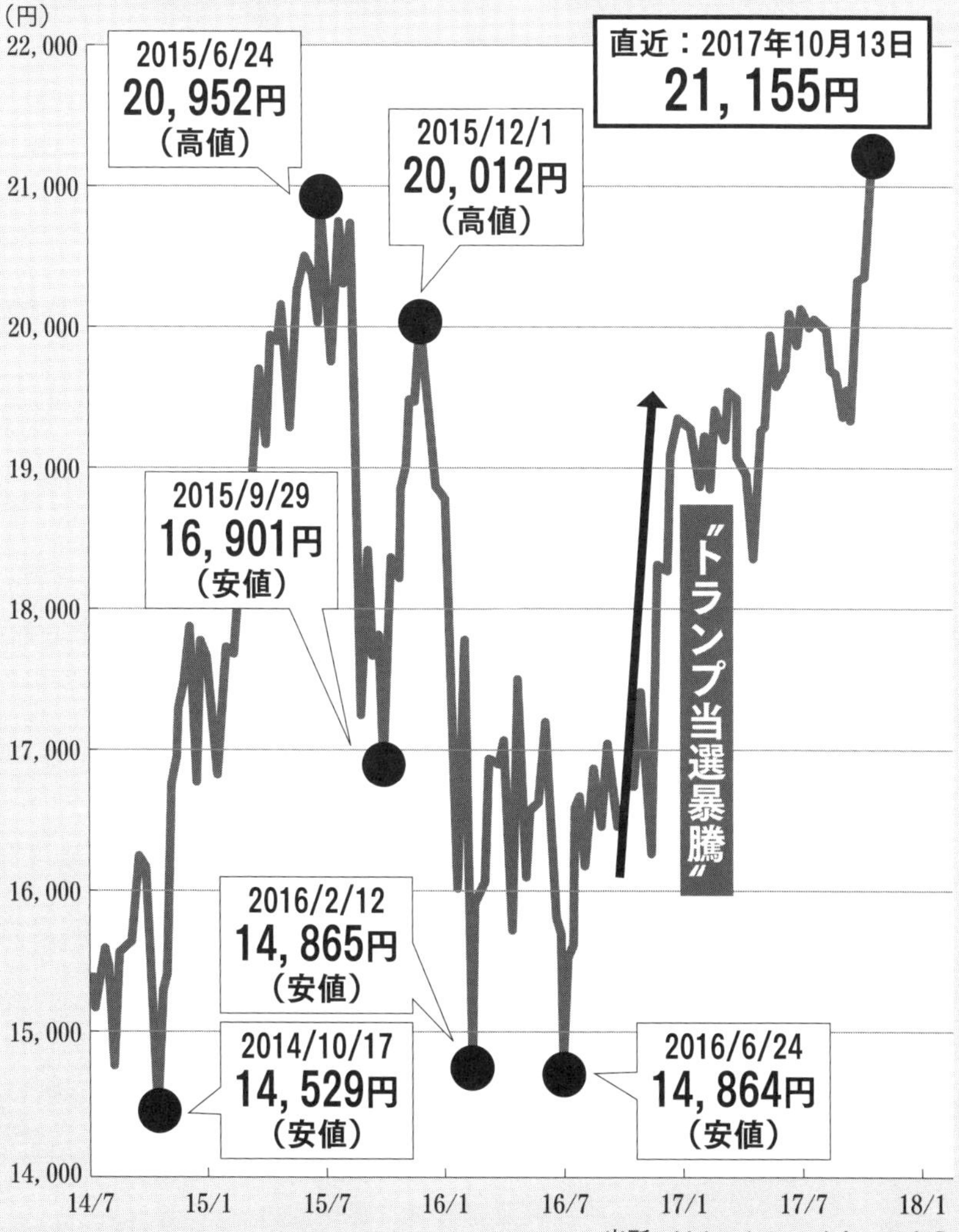

出所：Yahoo! ファイナンスから

ＮＹとの連動相場は、しばらくこのまま続くだろう

ていた。ウォール街やメディアが、反《はん》トランプでいじめて、それで株価が落ちるだろうと考えた。しかし暴落は起きなかった。それどころか反騰《はんとう》した。

私はトランプ当選を去年の5月に予言した男だ。**「副島とかいう変な評論家が、トランプが絶対に当選すると言って当てたんだってね」**という噂だけは全国で広まったようだ。だが、そういう人たちは私に近寄ってこない。せめて私の本ぐらいきちんと読むべきなのだ。他に何をすることがあるのだ。

●証拠を残さない相場操縦が行なわれていた

カール・アイカーンとブーン・ピケンズたちは、〝目配せ〟だけで株価を吊り上げる。30人ぐらいのNYの投資家の親分衆たちが直接、目配せし合って買う、あるいは、売る。子分のファンド・マネージャーたちを使わない。

これを〝手張《てば》り〟という。手張りとは、自分の資金で株の売り買いをすることだ。以心伝心で、30人の親分衆は、「うん、うん」と示し合わせて株式を売買する。証拠は何も残らない。自分たちだけでニューヨークの株式市場を操作している。

もし子分の誰かひとりでも裏切ってSEC《エスイーシー》（証券取引委員会）に駆け込んだら全員捕まる。アメリカの証券取引法（1933年の証券法と1934年の取引所法）のインサイダー・トレーディング、あるいは相場操縦《そうじゅう》罪にあたる。証拠が出たら逮捕だから親分たちの目配せだけでやっている。

トランプとしては、とにかく株の値段を吊り上げて維持しさえすればいい。ここからの利益でアメリカの退職老人たちの年金《ペンション》のお金が出る。老人たちの支持があればトランプ政権は保《も》つ。

だから、アメリカの理論経済学《エコノメトリックス》なんか何の意味もない。これまで偉そうなことを書いてきたエコノミストやら、アナリスト、ストラテジストも要らない。彼らは馬鹿野郎《フール》の集団でシュンとなっている。

アイカーンはトランプ政権で、最近まで規制改革担当の特別顧問《とくべつアドヴァイザー》に就任していた。

前述したとおり日経平均も、NY株高に連動してスルスルと〝連れ高〟で動いた。10月13日現在で2万1155円である。これからも2万円を行ったり行かなかったりでうろうろするだろう。だからこの動きを見据《みす》えて、優れた銘柄を買うべきだ。その銘柄は巻末に載せた。かつP76～77に北朝鮮の核《かく》取り上げ問題での〝軍需銘柄（戦争銘柄）〟を一覧表にして載せた。

なぜ日本の株価が連れ高したか。それは日本の証券取引所に上場している輸出大企業の株の実に7割は、外国人投資家が握っているからだ。だからNYに連れ高で一緒に上がるのである。このあと3年間は、こんな調子だろう。ちょこんと落ちたように見せて、また上がる。

この8月18日に、アイカーンは大統領特別顧問を辞めた。この日はトランプの最側近で、首席戦略官《チーフストラテジスト》で大統領上級顧問《シニア・アドヴァイザー》を兼任していたスティーブン・バノンが首を切られた日だ。同じ日のドサクサに紛《まぎ》れて、アイカーンは辞任した。

「アイカーン氏が米大統領アドバイザーを辞任─利益相反の恐れで」

資産家カール・アイカーン氏は、連邦政府規制の全面的な見直しを推進するトランプ米大統領の特別アドバイザーを辞任した。同氏の事業と利益相反《りえきそうはん》の可能性があるとの疑問が浮上したことに対応した。

ドル円の為替相場（2015年5月～）

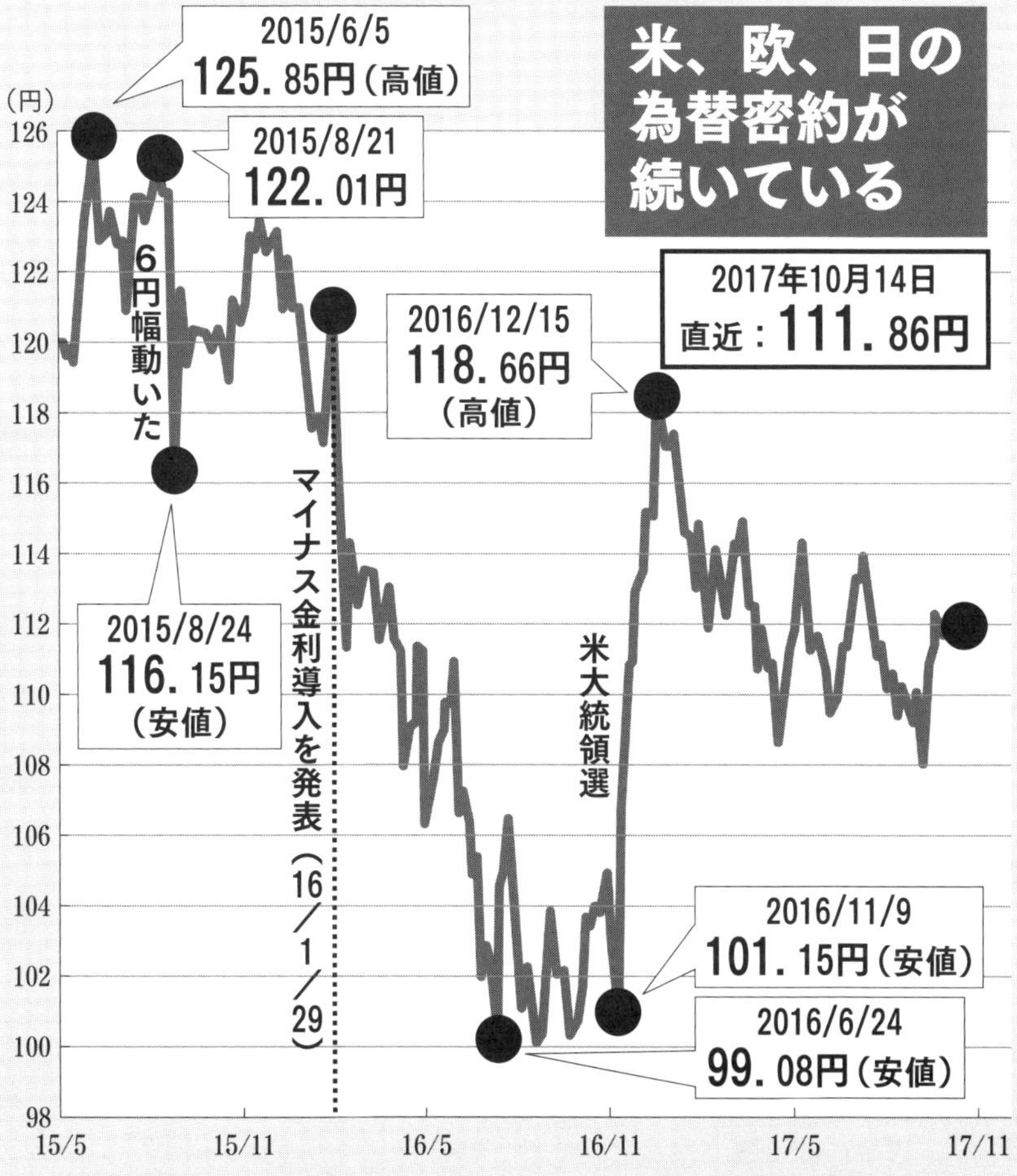

出所：Yahoo! ファイナンスから

日本政府は外債（米国債）買いで、円安にしようとする。しかし、外国政府たちが日本国債を買いに来ている。だから、円高傾向になる。“北朝鮮爆撃”が起きても、ドル円は今のまま１ドル＝110円前後で変わらないだろう。

同氏は8月18日に自身のウェブサイトに掲載した大統領への書簡で、アドバイザーとしての役割で自分は利益を得ていないと言明。民主党の有力議員は利益相反の可能性を指摘し、当局に調査を求めていた。

同氏は「民主党の少数の批評家からの指摘とは反対に、私は非公開情報を利用したり、自らの地位から利益を得たことは全くなく、自身の役割が利益相反になるとは思わない」と述べた。

（ブルームバーグ　2017年8月19日）

アイカーンは何の証拠も残していない。けれども追及の手が及んだらしく「どうも危ない」と感づいてサッと辞めた。ササッと上手に逃げたのだ。

この本では、スティーブン・バノンの辞任についての解説はしない。トランプ政治に関心のある人は私のホームページ「副島隆彦の学問道場」（http:/www.snsi.jp/）の「重たい掲示板」を読んでほしい。

●ドル円の為替相場も操作《マニピュレイション》されている

為替の動きを見てみよう。P217のグラフのとおり、ドル円相場は１ドルが１０８円から１１２円の間で行ったり来たりしている。今後も変わらないだろう。

為替が変動しないのは、日・米・欧の３つの先進国（地域）の政府が為替密約を結んでいるからだ。日本もアメリカもヨーロッパも、じゃぶじゃぶマネー（緩和《イージング》マネー）を続けている。お札と国債（国家借金証書）の刷り散らかしをやり、お札（ＦＲＢが発行）と国債（財務省が発行）をチャッチャと交換している。ヨーロッパも日本も同じことをやっている。そのための中間で調節の役割をしているのが為替である。私がずっと書いてきたことだ。これを今後もやりつづける。それ以上の難しい理屈はない。

ただ日本政府は、外債《がいさい》すなわち米国債を30兆円ぐらいずつ毎年買わされている。そのたびに大量の円を売ってドルを買っている。だから円安になる。しかし、そのたびに円の買い戻しが入る。こうやって累積の米国債の残高は１２００兆円ぐらいになる。しかしこの数字は表に出ない。

こうやってアメリカにぼったくられ続けるから、日本は財政赤字なのだ。アメリカに貢《みつ》いだ累計1200兆円が、そのままピタリ日本の財政赤字1200兆円の数字なのである。

それだけ貢がないと、アメリカが許してくれない。サウジアラビアや中国が米国債を売った分を、日本が買い支えているのだ。情けない国だ。

日本政府は米国債を買わされるから（このとき円を売ってドルを買う）、国内資金が流れ出している。すると円安になるはずなのに、ならない。なぜなら、多くの外国政府が日本国債を買いに来ている。日本国債は安定している、安全だからと言って買う。北朝鮮の脅威がこれだけあっても円安にならない。不思議な話である。かえって円高（ドル安）になる。この繰り返しを為替で調節している。だから為替は大きくは動かない。

日米欧の先進国がやっている、じゃぶじゃぶの緩和マネーがばれないように、為替が政府によって操作《マニピユレイシヨン》されている。だから為替はきわめて政治的なのである。市場で決まっている値段ではない。分かりますか。

●トランプは国家借金の「上限」を引き上げた

金利はどうか。トランプの本心は、今のままの低金利を続けてドル安の容認である。「強いドル」なんか要らない。強い通貨にすると金利が上がる。ドル安にしてアメリカの実物経済である製造業を強化して輸出を促進したい。日本もアメリカもヨーロッパも、政府は低金利のほうがいい。

なぜ低金利でなければいけないのか。それは政府の抱えている借金がどこの国もあまりにも大きすぎるからである。とくにアメリカは、米国債の金利が1％上がるだけでも利払いが年間60兆円増える。とても払えない。利子の分さえ払えないのだ。

企業経営者なら分かるだろう。融資を受けている銀行から「社長、利子だけでも払ってよ」と言われる。「利子さえ払ってくれれば、融資元本《がんぽん》の10億円はそのままでいいですから」と、銀行の担当者は言う。

金利が上がれば、アメリカ財務省はその利子が払えない。だから低金利、ゼロ金利のほうがいいのである。

アメリカは米国債《ナショナル・ボンド》（米財務省《トレジャリー・ビル》）を発行し続けて、とうとう連邦政府（中央政府）の分だけで20兆ドルを突破した（2017年10月）。2200兆円というとてつもない数字である。この借金（債務）は法律で上限《リミット》が決められている。これを変更したり期間を延長したりするときは、議会の承認を得なければならない。これが米国債の発行上限（デット・シーリング debt ceiling ）問題である。

ところがトランプ大統領はこの上限そのものを撤廃すべきだ、と議会に呼びかけた。

「トランプ氏「上限撤廃も」 米議会、債務引き上げ可決」

米議会上下両院は、9月7日から8日にかけて、連邦政府の債務上限の引き上げと暫定予算などを一本化した法案を賛成多数で可決した。トランプ大統領が署名すれば成立する。国債の償還ができなくなるデフォルト（債務不履行）と予算切れに伴う政府機関閉鎖《ガヴアメントシャットダウン》は当面回避される。

トランプ大統領は9月7日、債務問題が政争の具になるのを防ぐため、上限撤廃の可能性を探ると表明。この債務抑制は、予算の35％程度を借金で賄っている安倍政権にとっても無縁ではなく、日米共通の課題だ。

暫定予算《プロビジョン》は新たな会計年度が始まる10月1日から12月8日までが対象だ。米国では債務上限が法律で決まっており、現在は約19兆8千億ドル（約２１３０兆円）で9月末にも資金が底を突く恐れがあったため、上限を引き上げ、12月8日まで新たな借金ができるようにする。

（共同通信　２０１７年9月9日）

この記事にあるように、19・８兆ドルだった上限《リミット》を議決で引き上げて、期限も3カ月延長したことで、この9月のアメリカの議会混乱は消えた。政府閉鎖（ガヴァメント・シャットダウン　government shutdown ）をせずに済んだ。これがトランプだ。魔術師《マジシャン》のようなことをする。

この20兆ドル（２２００兆円）は前述したとおり、連邦政府だけの累積《るいせき》債務である。本当はアメリカの財政赤字はこれの3倍ある。50の州とＮＹなどの40の巨大都市、それぞれ借金を抱えている。この分が40兆ドル（４４００兆円）ある。だから合計で60兆ドル（６６００兆円）である。これの利子が１％増えると年間で66兆円の利払いになる。このことをＰ221で書いた。

●アメリカの「歴史的な減税」とは

トランプは税制改革《タックスリフォーム》も行なう。「所得税を15％にまで下げる」、と大統領選の公約で力説した。今の最高税率は40％弱だ。私は、15％はいくらなんでもできないだろうが、25％まで下げたら大したものだと思っていた。この他に地方税が10％ぐらい付く。

9月27日に、トランプが動いた。「ロイター」の記事を引用する。

「トランプ税制改革案、法人税20％に下げ「歴史的な減税」強調」

トランプ米大統領は9月27日、レーガン政権下の1986年以来、約30年ぶりとなる抜本的な税制改革案を発表した。焦点となる連邦法人税率は現行の35％から20％に引き下げる。

個人所得税は現在7段階に分かれている税率を12、25、35％の3段階に簡素化するほか、最高税率を39・6％から35％に引き下げる。

また、個人事業主やパートナーシップなど、いわゆるパススルー企業に課す税率を25％に設定する。

日銀が供給するお金の量（マネタリーベース）

			残高
年間で80兆円ずつ増えた	2013年３月末	日銀総裁に黒田東彦が就任（３月20日）	146兆円
	2013年12月末	黒田バズーカ第１弾（４月４日）	201.8兆円
	2014年12月末	黒田バズーカ第２弾（10月31日）	275.8兆円
	2015年12月末		356.1兆円
	2016年５月末	黒田バズーカ第３弾（１月29日）	386.7兆円
	７月末	黒田バズーカ第４弾（７月29日）	403.9兆円
60兆円ずつ増える	12月末		437.4兆円
	2017年末	このまま行く	510兆円（予定）
	2018年末	地獄への道	560兆円（予定）

この国債引き受けには天罰が落ちる

インディアナ州で演説したトランプ大統領は、「税制改革案は米国史上で最大の減税であり、米国民にとって歴史的な減税となる」と強調した。「税制改革を通じて、成長促進、雇用創出、労働者と家族の支援を目指す」と述べた。

大統領は記者団に対し、「改革案を実現しても富裕層への恩恵はほとんどない」と語った。また「法人税率の20％への引き下げについては、当初15％への引き下げを要求しており、20％の水準について（議会と）交渉するつもりはない」と述べ、これ以上譲歩しない考えを示した。

ホワイトハウスは、今回の税制改革案で、典型的な中間所得層は、連邦所得税の課税対象が縮小される恩恵を受けると説明。トランプ大統領は、「単身世帯なら1万2000ドル（120万円）まで、共働き夫婦の世帯では2万4000ドル（260万円）までの（注・最低所得者層）所得は課税対象とならないと述べた。

減税の財源確保や費用などについては詳細を明らかにしなかった。共和党は、税金の抜け穴《ループホール》を埋めることで歳入が増え、より高い経済成長を実現できると主張する。税制調査団体のこれまでの試算によると、税制改革に伴い連邦政府の歳入が、今後10年間で最大5兆9000億ドル（650兆円）落ち込むとみられる。（略）

共和党のブラディ下院歳入委員会委員長は「税制改革法案は年末までに可決される見通しだ」と発言。ライアン下院議長は「またとない機会だ」と述べた。

（ロイター　2017年9月28日　注は引用者）

●緩和マネー問題で、次期FRB議長の人事も決まる

世界中、増税しかできない国（日本もそうだ）ばっかりなのに、大きな減税を実現できるというのは、トランプという男は大したものなのだ。その財源は、「外国に逃げている、ものすごい額の資金を呼び戻す（1回切りの微罪課税で許す）ことで確保する」ということらしい。

前述したとおり、日・米・欧の先進3カ国は、QE＝ジャブジャブマネー（緩和マネー）を続けている。いくらECB（ヨーロッパ中央銀行）のマリオ・ドラギ Mario Draghi 総裁が「緩和の縮小策」（ジャブジャブをやめる）を言い出しても無理だ。できるはずがない。やったら「ユーロ恐慌」（私の2016年刊の本の書名）になる。日本は「緩和の縮小」どころか、「金融緩和をまだまだやるぞの黒田（東彦）節」である。

日銀黒田が、この5年間でどれだけ大量のじゃぶじゃぶマネーを供給してきたか。私はずっと自分の本で警告してきた。今年の暮れには日銀のマネタリーベース（ボロクズ国債買い取りが中心）は510兆円になる。P225の表で分かるとおり、去年までは年間80兆円ずつ〝黒田大砲《バズーカ》〟で増やしてきた。それが今年の後半から「国《くに》の借金の肩代わり」は、60兆円ぐらいに減った。それでも、このまま借金は増えていく。

じゃぶじゃぶマネー問題は、アメリカではFRB（連邦準備制度理事会）議長の人事に直結する。今のジャネット・イエレン議長の任期は、2018年の2月までである。以下のような下馬評《げばひょう》の記事が出た。イエレンはクビになるだろう。そして、実務派（経済学者を気取らない）の若手に交替するだろう。

「FRB議長人事 混沌 忠誠心問うトランプ氏」

2018年2月に交代期を迎える米連邦準備理事会（FRB）議長の人選が混沌としている。1期4年の任期を終えるジャネット・イエレン議長（71）の続投は微妙。有力候補とみられたゲーリー・コーン国家経済会議（NEC）委員長（57）はここにきて後退しつつある。自身への忠誠心を何よりも重んじるトランプ大統領。世界経済

次のFRB議長は誰か？主な候補者たち

1		**ジャネット・イエレン** Janett Yellen	**もういいよ**	大統領経済諮問委員長、ＦＲＢ副議長などを経て、2014年からＦＲＢ議長。量的緩和（ＱＥ）を終わらせ、「やる、やる」と言いながらなかなかできなかった利上げに踏み切った。任期は2018年２月まで。
2		**ゲイリー・コーン** Gary D. Cohn	**バノンと刺し違えた**	元ゴールドマン・サックスの社長。トランプ大統領に指名されて、合衆国国家経済会議委員長に就任した。経済政策の中心として、税制改革などに取り組む。
3		**ジョン・テイラー** John Brian Taylor	**70歳で高齢過ぎる**	スタンフォード大学教授の経済学者。2001年から2005年まで、国際金融担当の財務次官を務めた。政策金利を決める理論の「テイラー・ルール」で有名である。
4		**グレン・ハバード** Robert Glenn Hubbard	**ワル人間過ぎる**	コロンビア大学教授。2001年から2003年まで、ジョージ・ブッシュ政権の大統領経済諮問委員長。減税政策を進めた。日本では竹中平蔵、伊藤隆敏を養育した。
5		**ケビン・ウォーシュ** Kevin Maxwell Warsh	**有望、家柄よし**	スタンフォード大学客員研究員。モルガン・スタンレー出身。ジョージ・ブッシュ政権で金融問題担当の大統領特別補佐官だった。2006年に史上最年少の35歳でＦＲＢ理事に指名された。
6		**ローレンス・リンゼイ** Lawrence B. Lindsey	**善人だが……**	調査会社のリンゼイ・グループＣＥＯ。1991年にＦＲＢ理事になり、グリーンスパン議長に仕えた。2001年からはジョージ・ブッシュ政権で経済担当の大統領補佐官。日本にもたびたび来た。

「日本経済新聞」2017年９月17日付を参考に作成

の行方を左右する注目の人事は、本命を欠いたままレース終盤に差し掛かった。（略）

ブッシュ（子）元大統領がグリーンスパン氏の後任にバーナンキ氏を指名したのは05年10月24日。オバマ前大統領がその後任にイエレン氏を指名したのは13年10月9日だった。だからトランプ氏も今後1～2カ月で次期議長を発表する公算が大きい。

トランプ氏は7月末、「イエレン氏の再任とコーン氏らへの交代をともに検討する」と表明した。だが「リベラルでトランプ氏への忠誠心を欠くイエレン氏の続投は考えにくい」（元ＦＲＢ幹部）との見方が多く、ホワイトハウスで経済政策を動かすコーン氏が有力候補と目されてきた。

そのコーン氏もトランプ氏への忠誠心を疑われ、圏外に去りつつあるとの観測が広がっている。人種差別を容認するかのようなトランプ氏の発言に憤り、苦言を呈して怒りをかったためだ。（略）

ジョン・テイラー元財務次官（70）、グレン・ハバード元大統領経済諮問委員長（59）、ケビン・ウォーシュ元ＦＲＢ理事（47）、ローレンス・リンゼー元ＦＲＢ理事（63）……。米メディアでは、ほかの候補が取り沙汰され始めた。

テイラー氏は経済指標をもとに政策金利の水準を機械的に決める「テイラー・ルー

ル」の提唱者として知られる。ハバード氏と大統領補佐官時代のリンゼー氏は、ブッシュ（子）政権で大型減税の実施に貢献した。ただ学者のテイラー氏やハバード氏は好まれないとの見方が出ている。経済運営の力量を問われ、大統領補佐官を更迭されたリンゼー氏の指名にも疑問符がつく。

この中で「トランプ好みでは」とされるのがウォーシュ氏だ。米証券大手モルガン・スタンレー出身。ブッシュ（子）政権で金融問題担当の大統領特別補佐官を務め、06年に史上最年少の35歳でＦＲＢ理事に指名された。妻のジェーンさんは米高級化粧品大手エスティ・ローダーの創業者の孫で、義父のロナルド・ローダー氏はレーガン政権のオーストリア大使だった。周囲をセレブで固めるトランプ氏のお眼鏡にかなう。

（略）ＦＲＢは危機後の量的緩和で膨らんだ保有資産の圧縮（引用者注。過剰に買い込んだボロクズ国債を市場で少しでも売却すること）も始めることで、金融政策の正常化を急ぎたい。その幹部たちが「忠誠第一」の人事で塗り替えられ、政権の意に沿って動く印象を与えれば、（注・政府から独立していることになっている）中央銀行の信認を損なう恐れがある。

（日本経済新聞　９月17日）

イエレン婆さんは、来年の任期満了を待たずトランプから首を切られるだろう。

この記事にある面々《めんめん》のうち次期ＦＲＢ議長候補として、ゲイリー・コーンとグレン・ハバードはトランプの系列ではない。この２人はデイヴィッド・ロックフェラーの子分で、若い頃から冷酷な人間たちだ。ニューヨークはリベラル勢力（移民や貧しい層の味方）の牙城である。ところがここに古くからあるのに、ハバードが教授をやっている名門コロンビア大学は「貧しい人々の味方」を絶対に公言しない大学だ。若いころから共和党員で理論家で、学者で、冷徹で一番悪い人間たちである。泥くさい実業家集団であるトランプの仲間ではない。金《かね》の亡者《もうじや》の投資家たちよりも、もっとワルである。ハバードが竹中平蔵と伊藤隆敏を保護して育てた、という事実を私たちはしっかりと噛《か》みしめるべきである。

この記事に出てくる財務長官のスティーブン・ムニューシン Steven Mnuchin は、とりたてて優れた男ではない。が、父親のロバート・ムニューシンは金融取引の超プロだった。ヘンリー・キッシンジャー Henry Alfred Kissinger 博士（元国務長官）の長年の友人で盟友である。だから息子のムニューシンが財務長官に選ばれるのだ。

「ドナルド、こうしたほうがいいぞ」キッシンジャーがトランプに指図している

写真：AFP＝時事

ヘンリー・キッシンジャー（94歳）が、老骨に鞭《むち》打って、今の世界体制を動かしている。そして次なる世界体制ができてゆく。キッシンジャーは、プーチンと習近平に対しても先生のようだ。

写真：SPUTNIK／時事

写真：EPA＝時事

ムニューシンは財務長官として、毎年1兆ドル（110兆円）ぐらいの米国債を発行し続けなければいけない。そうやって国家予算《ナショナル・バジェット》を組まなければならない。それをイエレンFRB議長が「買いません（引き受けません）」と言ったら、イエレンの首は飛ぶことになる。トランプが「俺に反対するのか。そうか」で「お前はクビだ」"You're fired!"だ。どうしてもアメリカ政府はQE《キューイー》＝じゃぶじゃぶマネー（緩和マネー）を続けなければ済まないのだ。

イエレンは、この1年慎重に動いていてトランプとぶつかることを上手に避けてきた。だが、それでも彼女は再選されないだろう。この10月に、ジェローム・パウエル（FRB理事）が次の議長に有力という記事が出た。

●94歳のキッシンジャー博士が、トランプ、プーチン、習近平の先生

〝世界皇帝〟デイヴィッド・ロックフェラーが今年の3月に101歳で死んだ。その左大臣、直臣《じきしん》がヘンリー・キッシンジャー（94歳）で、まだあと数年は生きる。P233の写真のようにトランプの横にいて、「ドナルド、ああしろ、こうしろ」と命令している。「私が、

プーチンと習近平にはちゃんと話しておいたから大丈夫だ」と。だから今の世界の３大指導者（トランプ、プーチン、習近平）の先生（助言者）はキッシンジャーなのである。ジェームズ・コミーＦＢＩ《エフビーアイ》（米連邦犯罪捜査庁《フェデラルインヴェストゲイションエイジェンシー》）長官の首を切れ、と助言した。５月８日のトランプの鮮やかな、高官の斬り方だった。

Ｐ233の写真はその翌日のものである。新聞記者やテレビのレポーターたちが、コミーの解任について質問するためにホワイトハウスに詰めかけたら、キッシンジャーがいてニタリと笑って「やあ」と手を振った。記者たちはキッシンジャーの悪口を怖くて言えない。

そのとき、私はテレビで朝のＡＢＣのニュースを見ていた。大統領執務室（オーヴァル・ルーム Oval Room ）の隣にある暖炉《マントルピース》の部屋で、トランプと並んでヘンリー・キッシンジャーが座っていた。このアドジャンクト・ルーム（続き部屋）は、ふつうは招待した国の首相や大統領や国王が座る席だ。これが今の世界体制だ。このことが分かれば済むことなのだ。

２０１６年になって、ロックフェラーがキッシンジャーに、「ヘンリー。あの２人（ヒラリーと旦那のビル・クリントン）は私が死ぬ前から後継者気取りだ。私が死んだら第３次世界大戦を始める気だ（ロシア、中国との戦争）。これを許してはいかん。大変なことになる」と話した。そして「私はもう死ぬから、あとはよろしく頼む」と言い残した。だからトランプを勝たせたのだ。キッシンジャーも高齢だが、あと3年ぐらいは生きているだろう。その間は、トランプは大丈夫だ。

2016年2月3日に、キッシンジャーがモスクワまでプーチンに会いに行った。「ウラジミール。シリア駐留のロシア軍を暴発させてトルコ（エルドアン首相）と戦争を始める企《たくら》み（コンスピラシー）があるぞ。気をつけろ。古代バビロニア帝国（4000年前）の亡霊が復活した。古代の死のカルト集団（エインシャント・デス・カルト ancient death cult）が復活した。世界戦争を始めようとしている。プーチン、これを阻止せよ」と言ったのである。ロシア政府の秘密報告書から明らかになった。

この古代の死のカルト集団が欧・米・日では統一教会（ユニフィケイション・チャーチ）である。「世界平和統一家庭連合」と名を変えた。日本では安倍晋三たちの勢力だ。小池百合子《こいけゆりこ》さんもこの組織で育てられた女性だ。燃えるような情熱で「共産主義の悪と戦いましょう」を唱え、それを強い信念にしてきた人々だ。この事実が最近、日本でもザワザワと人々に知られ広まるようになった。及ばずながら、私がこのことで努力してきた。

中東のアラブ・イスラム教世界ではＩＳ（イスラミック・ステイト）などのサラフィーヤ

「第２次ヤルタ会談」で世界の運命が決まる

ニューヨーク・タイムズ

CNN

ニューヨーク・タイムズ紙が掲載した“３巨頭会談”の写真。もちろんＣＧである。ＣＮＮも「ヤルタ2.0」と言い始めた。この第２次ヤルタ会談は、米軍の北朝鮮爆撃の前に開かれるだろう。

（イスラム原理主義運動）や、ジハーディスト（聖戦主義者）と呼ばれる組織である。

ヒラリーたちは、本当に世界を火の海にしようとしていた。それをアメリカ国民が阻止したのだ。トランプという実業家上がりの男を大統領に選ぶことで阻止した。私は2年前に『日本に恐ろしい大きな戦争が迫り来る』（2012年、講談社刊）の「まえがき」の冒頭1行目に、「もしヒラリーが米大統領になったら世界は第3次世界大戦に突入する」と、はっきりと書いた。私は今や自分の予言者としての能力に自信を持っている。

●世界の3巨頭による「第2次ヤルタ会談」が開かれる

ふたたびP233の写真を見てほしい。

この日は、ロシアのラブロフ外相がホワイトハウスに来ていた。キッシンジャーは、ラブロフと「米、中、ロの3大国が協議して、北朝鮮の核兵器を取り上げる『3巨頭会談』を開いて決定する」ための根回しのためにホワイトハウスで会ったのだ。

この「米、中、ロの3巨頭会談」は、私が世界に先駆けて言い出したものだ。「第2次ヤルタ会談体制」である。「再度ヤルタで開くんじゃないの？」と私は昨年末に軽口《かるくち》で言った。そうしたら、今年1月27日のCNNで、女コラムニストのフリーダ・ギーティスが、New Yalta「ニュー・ヤルタ」と書いた。そして2月19日付のニューヨークタイムズ紙は、Yalta 2.0「ヤルタ・トゥー・ポイント・オウ」と題して、ヴィタリー・コーマルという現代美術家のコラージュの戯画（カリカチュア）の合成写真（P237）を載せた。

ヤルタ会談（第1次）は第2次大戦末（ドイツの敗北4月末の前）の1945年2月4日に、黒海のクリミア半島の保養地ヤルタで開かれた。その前に連合国側（アライド・パウアズ）はテヘラン会談とカイロ会談の首脳会談を行なった。このヤルタ会談で、チャーチルとローズベルトとスターリンが戦後の世界体制をつくったのである。

ヤルタ会談のあと7月に、敗戦したドイツのポツダムで、戦後の処理と世界の組み立てが話し合われた。8月に出されたポツダム宣言を日本政府（と昭和天皇）がグズグズと受け入れなかった。だから8月6日と9日に広島、長崎に原爆《アトミック・ボム》を落とされたのだ。これに「民族皆殺しにされる」と慌てた天皇がポツダム宣言（無条件降伏）を受諾したのである。分かった？

戦後の世界体制のことを「ヤルタ＝ポツダム体制」と言う。この「ヤルタ＝ポツダム体制」というコトバは、評論家の宮崎正弘《みやざきまさひろ》氏（学生時代に早稲田大学国防部を主宰）が使い始めたのではないか。安倍晋三首相も初めのころは、「ヤルタ＝ポツダム体制打破」と公言していた。そのうち、これはマズいなあ、で言わなくなった。この事実が3大国（連合諸国《ユナイテッド・ネイションズ》）にバレたら（バレている）タダでは済まない。

そしてこのヤルタ＝ポツダム体制（戦後の世界秩序）が72年、続いた。今も続いている。

私は、米（トランプ）、中（習近平）、ロ（プーチン）の「3巨頭による第2次ヤルタ会談」が、今年の終わりか2018年の初めごろに開かれると予測（予言）する。その場で北朝鮮処分が決められる。「本当にヤルタでやればいいのに」と世界で最初に言い出したのは私である。

本書の第2章で、米軍による北朝鮮爆撃のことを書いた。そして中国軍が侵攻して制圧する、と。私は、それは2018年4月だと、もう公然と予言した。今さらあとには退《ひ》けない。撤回はできない。予言者として当ててみせる。本当の本当は、米軍が北朝鮮爆撃をするのは、アメリカの国防（軍需）産業を助けるためだ。そうしないと、レイセオンやロッキード・マーチン、ボーイングとかの会社が怒る。倉庫に在庫が溜《た》まってしょうがない。それから、中国の習近平にとっては、「こら。軍人ども不平ばっかり言ってないで、仕事をしろ。5万人ぐらい死んでこい」ということだ。

なぜ米軍の北朝鮮爆撃が2018年4月なのか、再度、超簡単に説明しておく。今年の11月にトランプが中国に行く（日本にも形だけ立ち寄る）。10月18日からの第18回中国共産党の党大会で、次のチャイナ・セブン（トップ7人）が決まる。この本が出るころには決まっている。そして2018年2月に、韓国で平昌《ピョンチャン》冬季オリンピックがある。3月には、中国で全人代《ぜんじんだい》（全国人民代表者会議）が開かれる。ここで国家体制としての指導部が正式に承認される。だからその次の4月なのである。そのあと6月14から7月15日まで、ロシアでサッカーのワールドカップがある。このように世界スケジュールは決まっている。

あとがき

本書で「エコノ・グローバリスト・シリーズ」は、ついに20冊目となった。

私は金融本としてこのシリーズを書き続けた。毎年1冊ずつ出し続けて、本書で20周年となった。シリーズ1冊目は、『悪《あく》の経済学』（1998年刊）である。

我ながらよくもこんな本を、倦《う》まず弛《たゆ》まず20年も書き続けたものだ、と感慨深い。このシリーズ本の出版を支えてくれた編集者2人が、著者である私よりももっとこのことを喜んでくれた。最初の担当編集者は、一昨年、祥伝社社長に就任した辻浩明氏である。

たしかあのとき、私は「本を1冊書け、書け、と言われても、何をどう書いてよいか分からないんだ」と喚《わめ》いた。そしたら辻氏は、「まあまあ、そう怒鳴らないで。あれこれ応援しますから書いてくださいよ」と言った。私は拍子《ひょうし》抜けして、なんとか書く気になった。優れた編集者との出会いが、人々が求めている良い本を世の中に送り出す。著者（書き手、演技者、芸術家も同じ）は、ひとりで勝手にもがき苦しんでいるから周《まわ》りが見えない。すべての演戯者《パフォーマー》は、「本当に、私のこんな踊りや歌でいいんだろうか」と何歳《いくつ》になっても自問している。スポーツ選手と違って1等賞、２等賞がない。有能な編集者と組まないと良い本はできない。作家生活35年にして、私はようやくこういうことが分かる。

シリーズ１冊目の『悪の経済学』を出した、前年の１９９７年に、私は『属国《ぞっこく》・日本論』（五月書房刊）を出版している。「日本はアメリカの属国《ぞっこく》（朝貢国《トリビュータリイ・ステイト》）である」という理論を敢然《かんぜん》とこのとき提起した。今では多くの国民がこのコトバをつぶやくようになった。

その２年前の１９９５年（42歳）に、私は、現代アメリカの政治思想の諸流派12派からなる全体像を描いた本を出した。のちのち私の最大業績だと評価されるだろう。だが政治思想の研究の出版では、ご飯は食べられない。私は、金融本を次々と書くことで、いつの間にか金融評論家になっていた。予期してやったことではない。４冊目から担当編集者は岡部康彦氏に代わった。

シリーズ11冊目である『恐慌前夜』は、〝リーマン・ショック〟（２００８年９月15日勃発）を予言《プレディクト》した。予言《プロウフェシー》とは違う。この本の「第４章　恐慌への道のり」に

「リーマン・ブラザーズは破綻する」と書いた。この本が出版された2週間後にリーマン・ブラザーズ社は本当に潰《つぶ》れたのである。これも私の勲章のひとつだ。

以後ずっと岡部氏と2人でこのシリーズ本をつくってきた。こうやって20年が経《た》った。

私が、物書き業（評論家）を、1982年（28歳）から始めてから35年が過ぎた。これまでに220冊の本を書いた。もう他の職業に転じることができる歳ではない。このまま死ぬまで書くしかない。「お前の本はもういいよ」と飽《あ》きられても私は書く。職業とはそういうものだ。

インターネット時代（さらにスマホ時代）になって、本を買って読む人々が大きく減った。本が売れなくなって出版業界はヒドく追い詰められている。出版業は世の中にある800ぐらいの業種のうちのひとつである。どこの（産）業界も自分たちが生き延びることで厳しい試練に耐えている。私も出版業界で禄《ろく》を食《は》む者のひとりとして、この業界が生き延びるための、新たな知恵と方策を絞り出さなければならない。これは残りの人生で自分に与えられた使命である、と思っている。

この本も、前述した祥伝社書籍出版部の岡部康彦部長とつくった。毎度のことだが、私が暗中模索《あんちゅうもさく》でへばりそうになるのを助けてくれて、なんとか完成した。記して感謝します。

副島隆彦

ホームページ「副島隆彦の学問道場」http://www.snsi.jp/
ここで私は前途のある、優秀だが貧しい若者たちを育てています。
会員になって、ご支援ください。

巻末付録 外国人旅行者で成長する企業たち

推奨銘柄27

日本への外国人旅行者が、これから１億人に増える。現在は年間3000万人である。今の３倍の外国人旅行者が日本に押し寄せる。なぜならフランスやイギリスは、外国人旅行者が人口の1.2倍くらい来ているからだ。日本は人口が１億2000万人だから、１億人まで増えるのが自然な推論《リーズニング》だ。

以下で推奨する銘柄は、北朝鮮のミサイル問題（騒動）が終息したあと、日本での旅行者支援企業で、最先端のＩＴ技術とＡＩ（人工知能）で先頭を走っている、かつ実績のあるおもしろい企業たちである。これらの経営実績は安定しており、さらに今後の大きな成長が見込まれる。

①交通、②宿泊・レジャー、③物販、④サービス・通信、の４つに分けて推薦する。

副島隆彦

〈銘柄一覧の見方〉

①企業名の横にある４ケタの数字は「証券コード」である。
②証券取引所は略記した。「東１」＝東証１部、「東２」＝東証２部、ＪＱ＝ジャスダック。
③「現在の株価」は2017年10月６日現在のもの。
④株価チャートは東京証券取引所他の時系列データ（終値）から、直近の１年間で作成。

※いつも書いていますが、投資はあくまでも自己判断で行なってください。あとで私にぐちゃぐちゃ言わないでください。

1 東武鉄道 9001 東1　現在の株価 3,085円

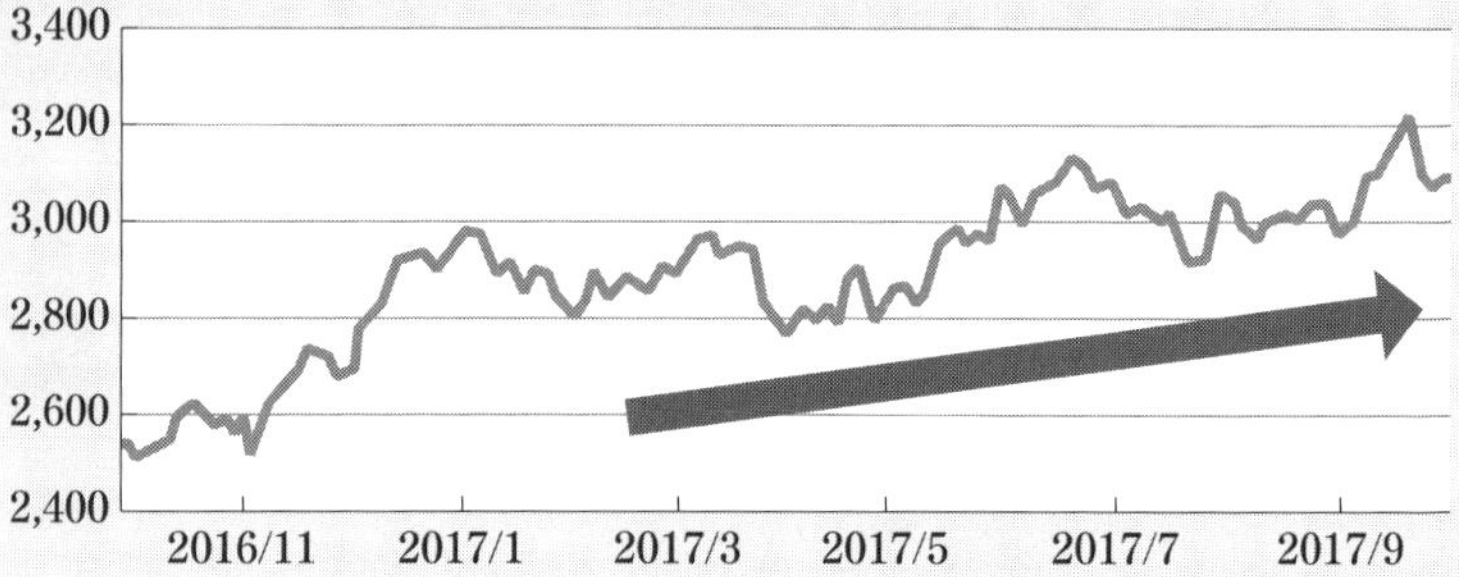

関東私鉄大手。1897年、東武鉄道を設立。2008年、東京メトロ副都心線と相互乗り入れ運転を開始した。2012年、東京スカイツリータウン開業。鉄道・バスなどの運輸事業、東京スカイツリーやホテルを運営するレジャー事業、沿線の不動産事業などを展開する。浅草〜とうきょうスカイツリー間の高架下整備、池袋駅西口地区市街地再開発計画などに取り組む。東武日光駅の観光案内所を拡張、宿泊先へ手荷物を届ける「手ぶら観光サービス」も開始し、訪日外国人観光客へのサービス向上を図る。今期は増収減益、来期は増収増益と見られる。

2 京浜急行電鉄 9006 東1　現在の株価 2,256円

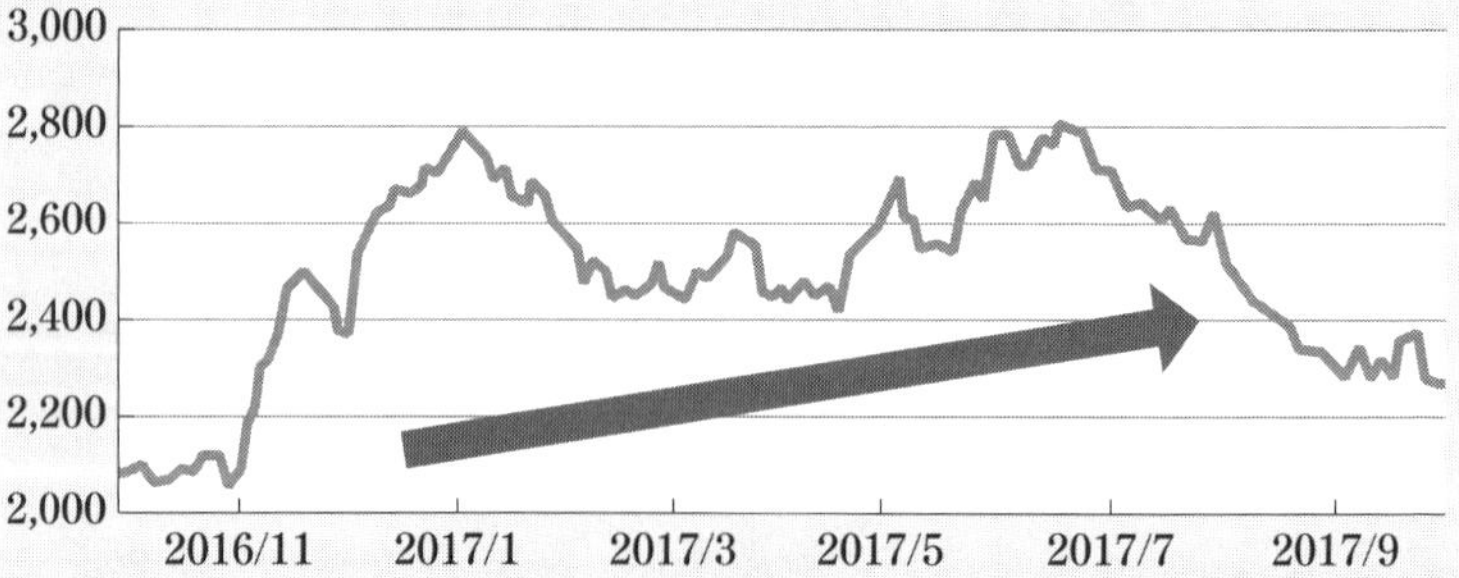

羽田空港へのアクセスが強みの関東私鉄大手。1898年、前身の大師電気鉄道を創立。1948年に京浜急行電鉄を設立した。2010年、羽田空港の再拡張に合わせ羽田空港国際線ターミナル駅が開業。2020年３月期の着手を目指し品川駅周辺の開発を進めるほか、羽田空港周辺でホテル、商業施設、賃貸物件への積極的な投資を行なう。2017年４月からインバウンド需要取り込みの一環として、日・英・中３カ国語観光ガイドを行なうコミュニケーションロボット「ロボホン」のレンタルサービスを開始。今期は増収減益、来期は増収増益と見られる。

3 京成電鉄 9009 東1

現在の株価 3,095円

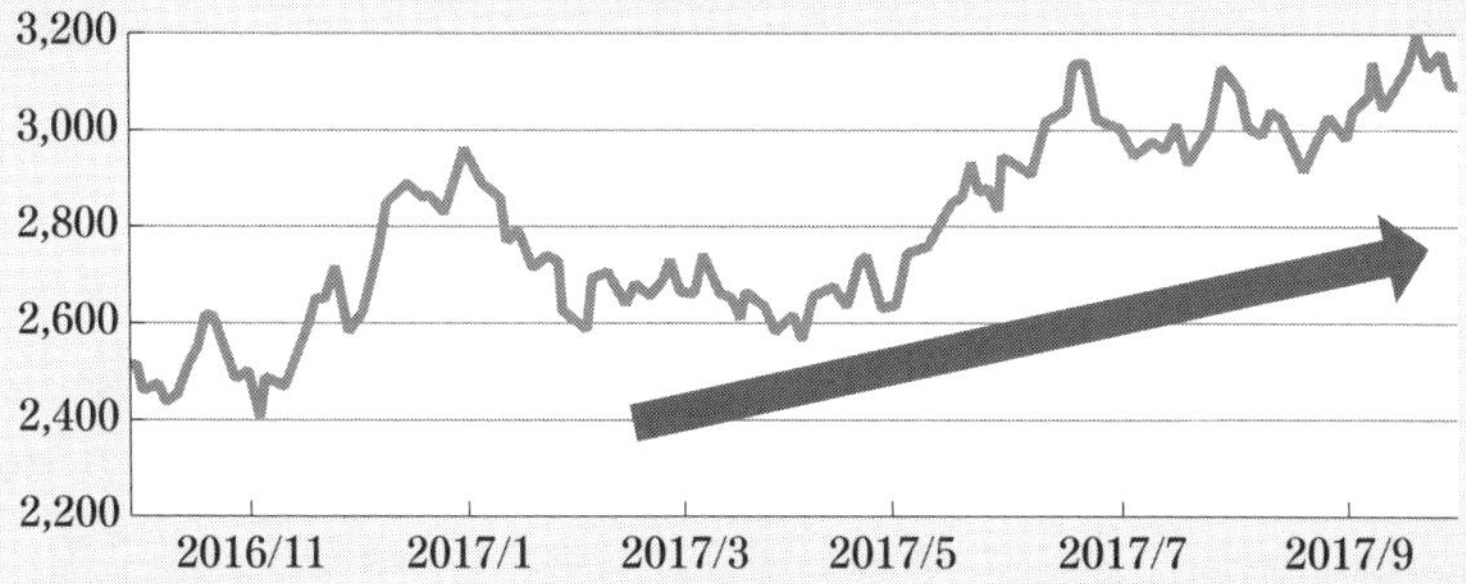

成田空港へのアクセスが強みの関東私鉄大手。1909年、京成電気軌道を設立。1945年、商号を京成電鉄に変更。2010年、成田空港線を開業。鉄道・バスなどの運輸業、百貨店などの流通業、沿線の不動産業などを展開。オリエンタルランドの筆頭株主。来期を最終年度とする中期経営計画では、インバウンド市場の深耕を基本戦略にしている。訪日外国人旅行客による鉄道の利用促進のため、2017年２月から企画乗車券の海外販売を拡大、国内でも東武鉄道と連携し、相互販売を開始した。今期、来期ともに増収増益が見込まれる。

4 富士急行 9010 東1

現在の株価 2,370円

世界文化遺産「富士山」周辺で鉄道やバス、レジャー施設を運営している。1926年、富士山麓電気鉄道を設立。1960年、富士急行に商号変更。その翌年には富士五湖国際スケートセンター（現富士急ハイランド）開場。JR中央線大月駅と河口湖駅を結ぶ富士急行線に加え、首都圏と富士五湖を結ぶ高速バス、観光バスを運行。2017年７月から富士山エリアを訪れる訪日外国人専用の割引周遊パスの販売を開始した。富士急行線を富士山５合目まで延伸し、成田空港から直通運転する構想も公表されている。今期、来期ともに増収増益と見られる。

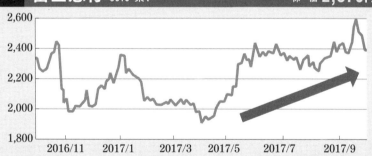

5 日本ビューホテル 6097 東1　現在の株価 1,412円

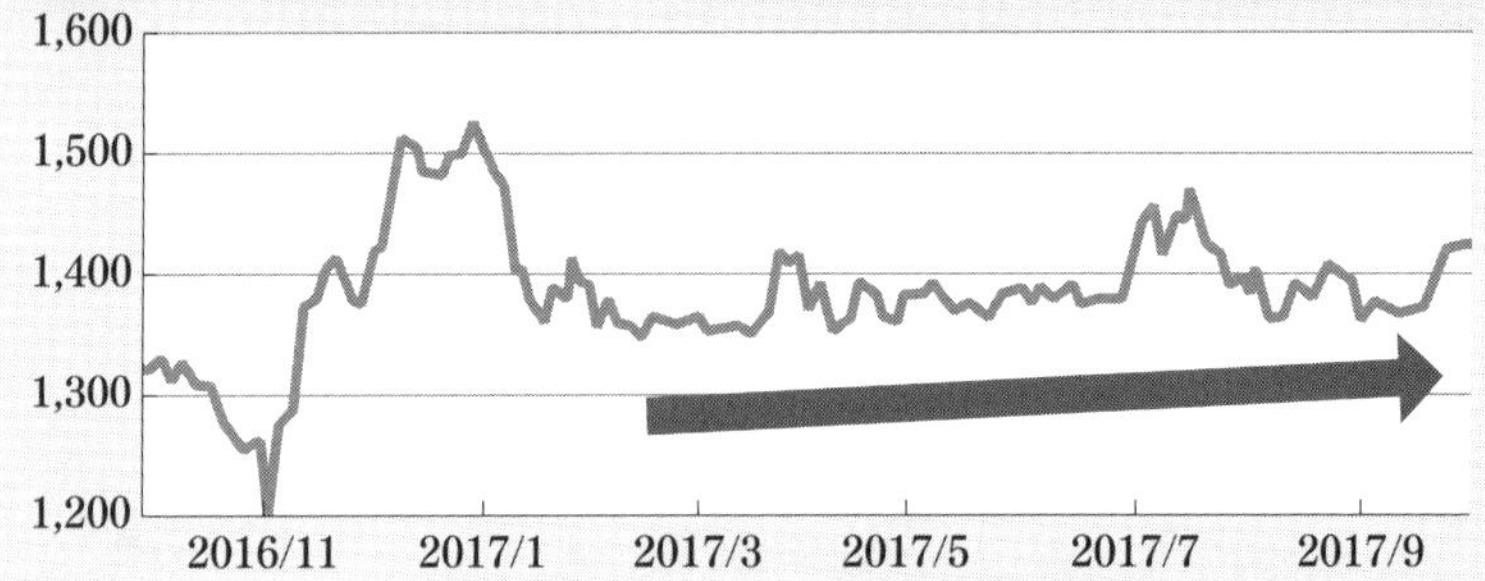

「VIEW HOTEL」ブランドでホテルを経営する。1953年の設立。1985年に「浅草ビューホテル」が営業開始。2001年に東京地裁へ民事再生法を申請したが、2012年に債務全額を完済して再生した。ホテル事業は浅草ビューホテル、成田ビューホテル、秋田ビューホテルなど。遊園地事業は「那須りんどう湖LAKE VIEW」（栃木県）を運営。インバウンド需要が個人消費へとシフトしている中、宿泊費やホテル内レストランで中国最大級の電子決済サービスAlipay（アリペイ）を導入し、訪日中国人旅行者の取り込みを狙う。今期は増収減益、来期は増収増益と見られる。

6 ロイヤルホテル 9713 東2　現在の株価 1,978円

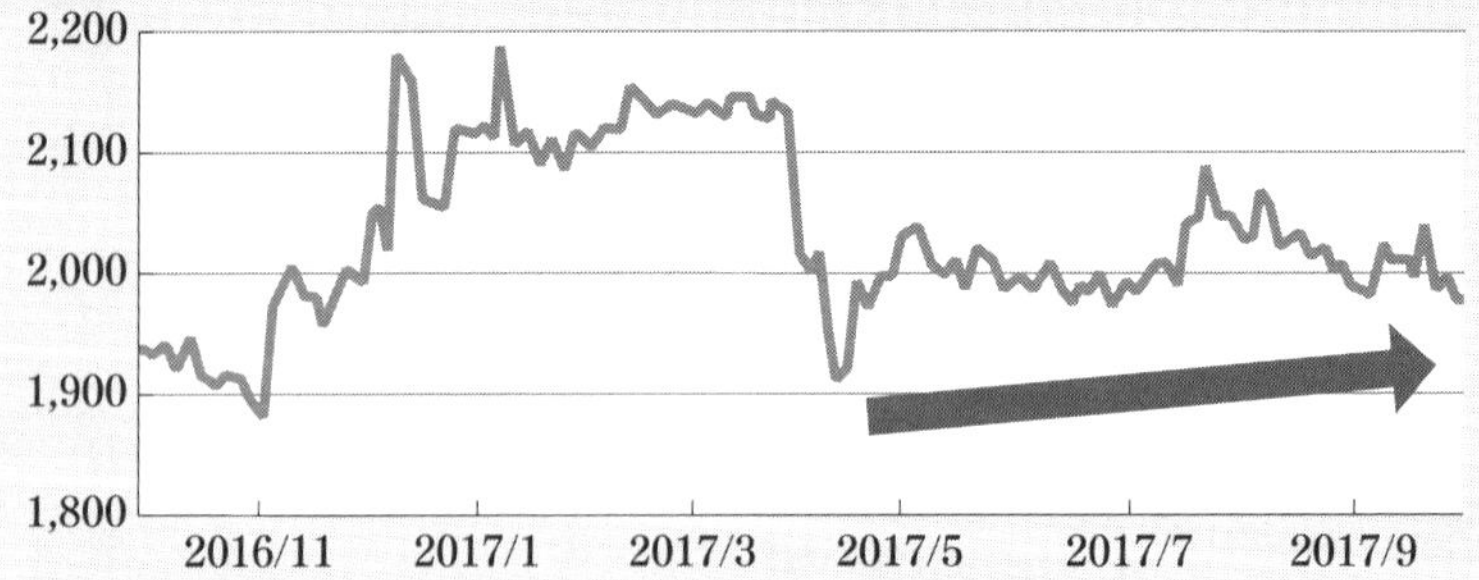

リーガロイヤルホテルグループ（住友系）、リーガアソシエイトホテルズを展開。1932年、新大阪ホテル創立。1935年に新大阪ホテルが開業した。1973年、社名をロイヤルホテルに変更。大阪政財界からの「賓客のための近代的ホテルを大阪に」との要望から創業した。アサヒビール、森トラスト、サントリーホールディングスなどが上位株主である。ホテル事業のほか、茨木カンツリー倶楽部食堂や関電会館、住友クラブ食堂の営業を行なう。関西でも急増する訪日外国人需要をターゲットとした宿泊プランを販売。今期、来期ともに小幅な増収増益と見られる。

7 エイチ・アイ・エス 9603 東1 現在の株価 3,625円

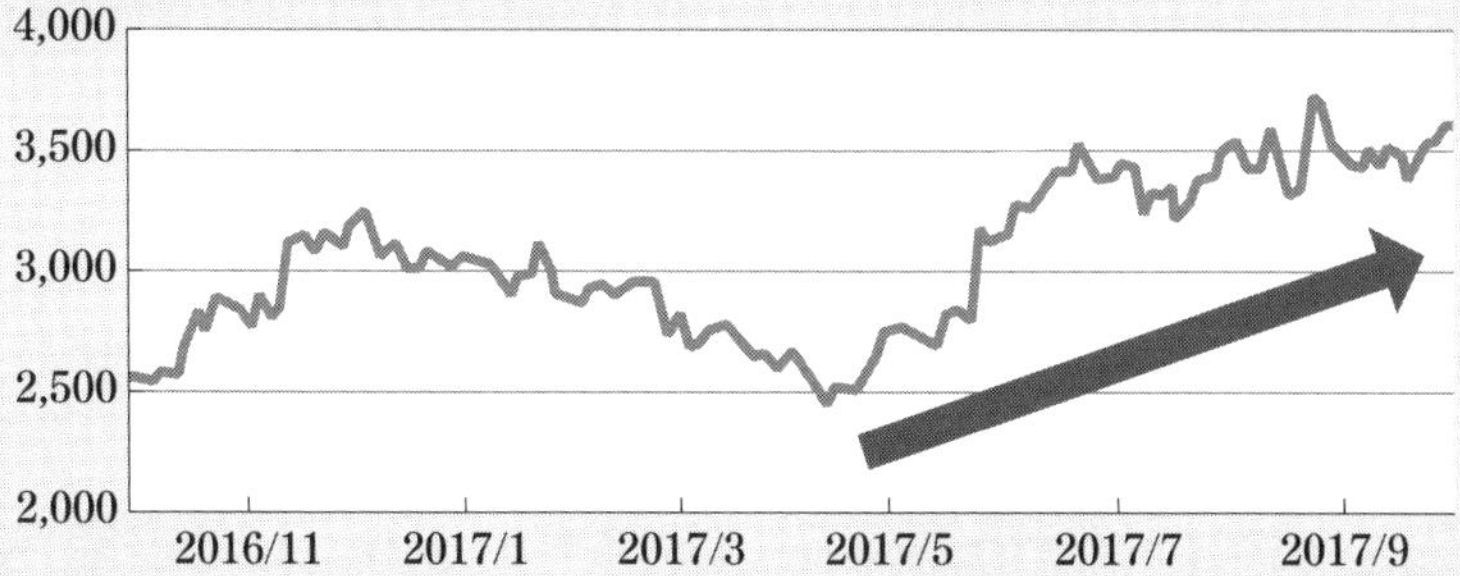

格安海外航空券の販売からスタートした大手旅行会社。1980年、海外航空券の販売を目的にインターナショナルツアーズを設立。1990年、商号をエイチ・アイ・エスに変更。2010年、ハウステンボスを子会社化した。第3の柱として育成するホテル事業は、2017年３月にオープンした「変なホテル舞浜　東京ベイ」が好調。2018年１月からは訪日外国人旅行者と日本各地の地域ガイドをつなぐCtoCマッチングサービスサイト「Travee（トラビー)」をスタートする。2017年10月期は増収増益、18年10月期も増収増益、増配の可能性も見込まれる。

8 オリエンタルランド 4661 東1 現在の株価 8,880円

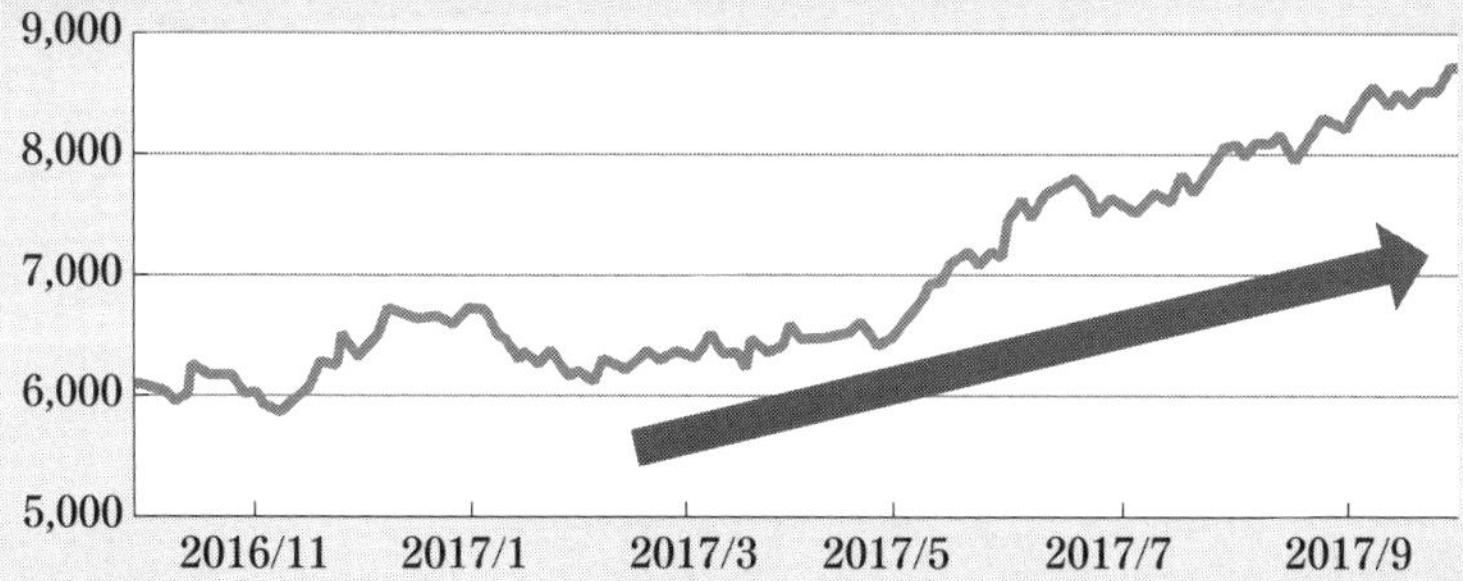

東京ディズニーリゾートを運営する。1960年設立。1979年に現ディズニー・エンタプライゼズ・インクと東京ディズニーランド（TDL）に関する業務提携。1983年、TDL開業。2001年、東京ディズニーシー（TDS）を開業した。今期は新アトラクション効果で入園者数が増加、営業減益予想から一転、最高益更新が見込まれる。TDL35周年の来期に続き、2020年３月期にはTDSの大型アトラクション「ソアリン（仮称)」開業など大規模投資を継続。2017年３月期で8.5％という中国など海外からの来園者の取り込みにより業績が上振れする余地大である。

9 大京 8840 東1

現在の株価 2,215円

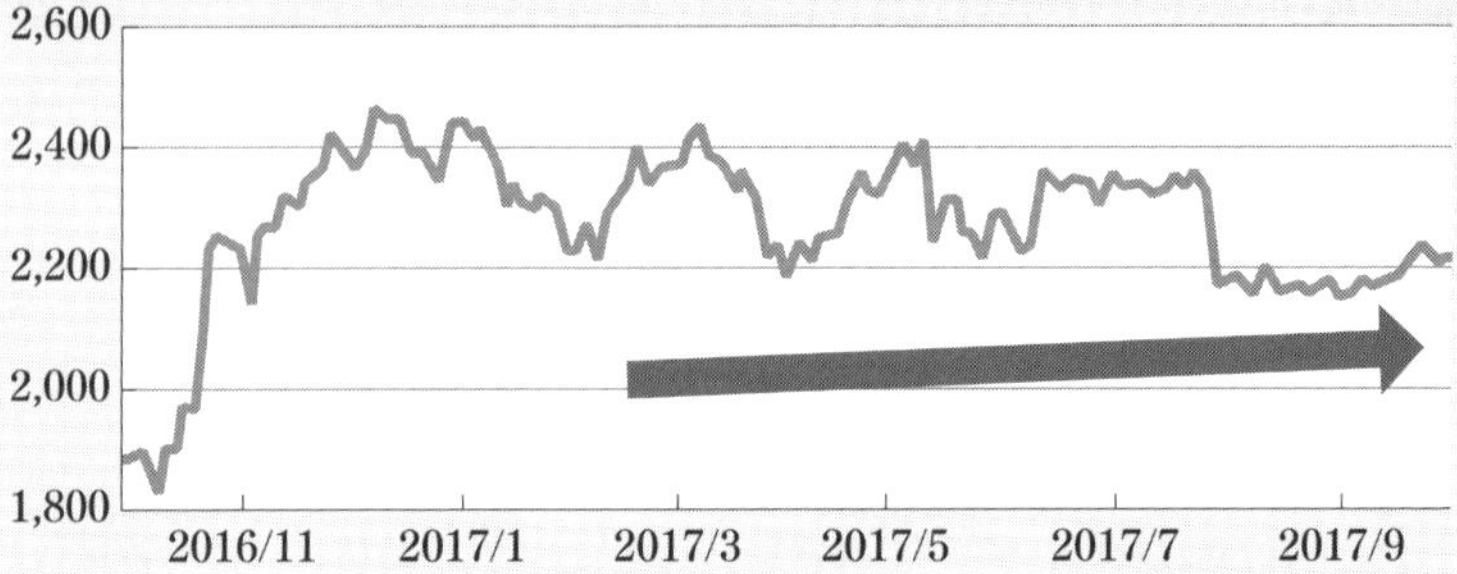

分譲マンション大手。1964年、大京観光を設立。1968年、シリーズ第１号の「ライオンズマンション赤坂」を発売。1978年、マンション発売戸数で初の業界第１位。1987年、現商号に変更。マンションの開発販売から管理、流通などに事業をシフトしている。国家戦略特区で民泊を認める東京都大田区を中心に空き家を買い取って改装し、民泊利用者を受け入れる構想を発表。羽田空港が近く、外国人観光客の需要を狙う。傘下の大京穴吹不動産では民泊予約サービス「旅家」を開始した。今期は増収減益、来期は減収増益が見込まれる。

10 レッド・プラネット・ジャパン 3350 JQ

現在の株価 27円

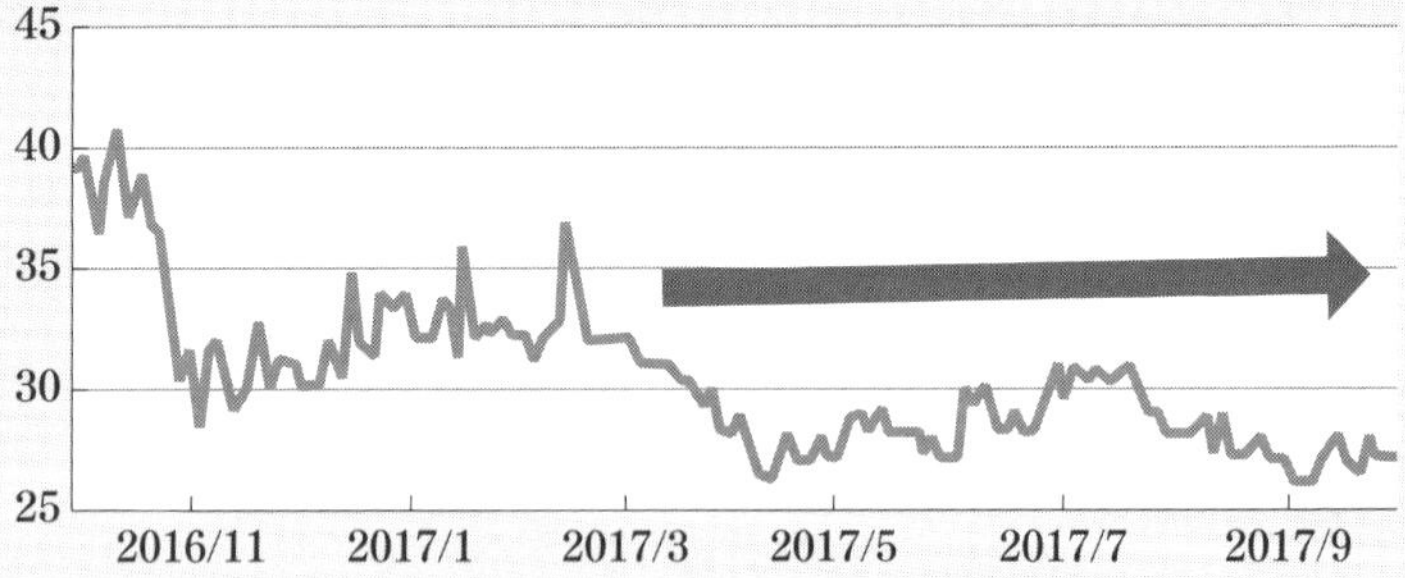

東南アジアで宿泊業を展開するレッド・プラネット・ホテルズ・リミテッドの日本での運営会社。1999年、音楽CDの企画・制作・販売を目的にダイキサウンドとして設立した。2013年、レッド・プラネット・ホテルズ・リミテッドと業務提携。飲食・音楽事業から撤退し、ホテル事業に集中。那覇、浅草、五反田の既存３ホテルが高稼働率を維持、2017年11月には名古屋、18年６月札幌で２ホテルが開業。2017年12月末まで上場廃止の猶予期間だが、2018年12月期は訪日外国人観光客の増加を追い風に黒字転換が見込まれる。

11 共立メンテナンス 9616 東1 現在の株価 3,230円

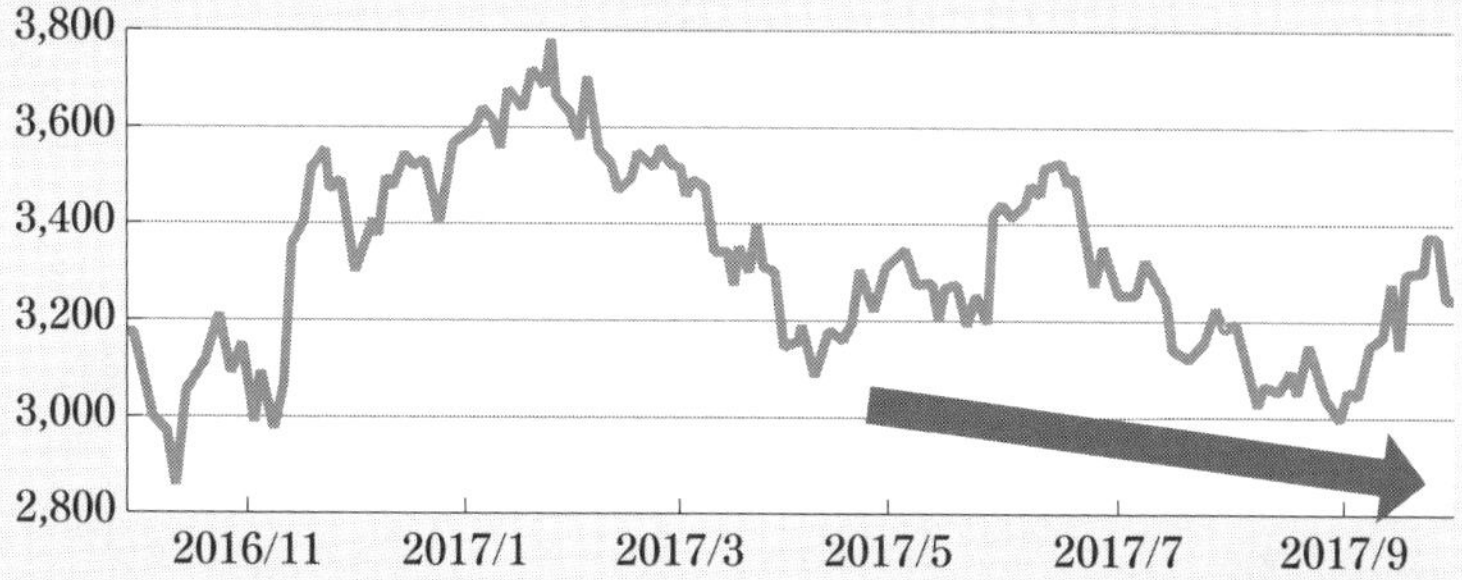

学生・社員寮の運営大手。1979年、社員食堂の受託給食業務を目的に設立。1980年に学生寮、社員寮に進出し、全国に拡大。2001年、日産自動車から日産ビルネットの全株を取得、総合ビルマネジメント事業に進出した。寮事業は学生寮、社員寮合計で全国に465カ所（前期末）。ホテル事業はビジネスホテル「ドーミーイン」を運営し、拡大が続く。外国人宿泊客も増加し、インバウンド比率は20.5％、87万2000人。外国人客は２名以上での利用が多く、客室単価上昇に貢献する。今期は増収増益、増配。来期も増収増益、増配の可能性がある。

12 白洋舎 9731 東1 現在の株価 3,340円

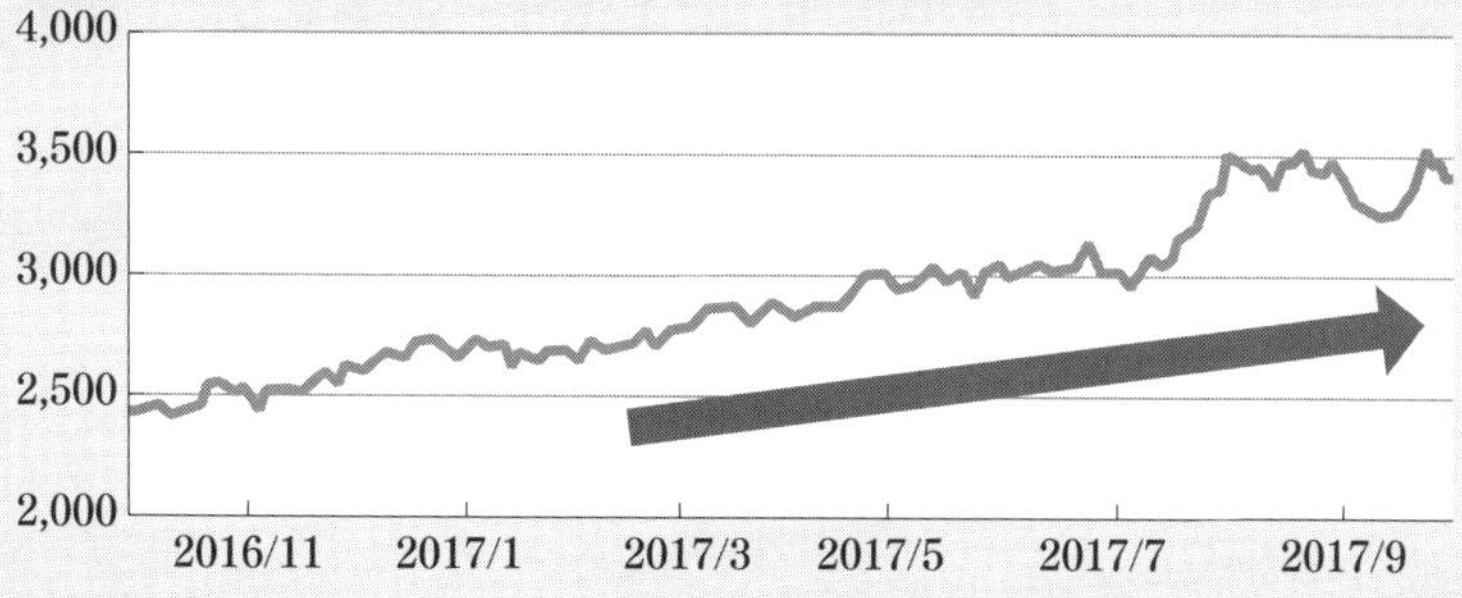

クリーニングチェーンを展開する業界最大手。1906年に創業し、翌年から日本初のドライクリーニング工場を開設。1920年、株式会社に改組、白洋舎クリーニングに商号変更。1927年、現商号に変更。クリーニング事業では、衣類保管、集配、宅配便、ハウスクリーニングなどのサービスも提供する。レンタル事業では、ホテル向けリネンサプライ、レストラン向けユニフォームのクリーニング付きレンタルが好調である。訪日外国人旅行客の増加で契約ホテルの開拓に注力している。2017年12月期、2018年12月期ともに増収増益が見込まれる。

13 エボラブルアジア 6191 東1 現在の株価 2,304円

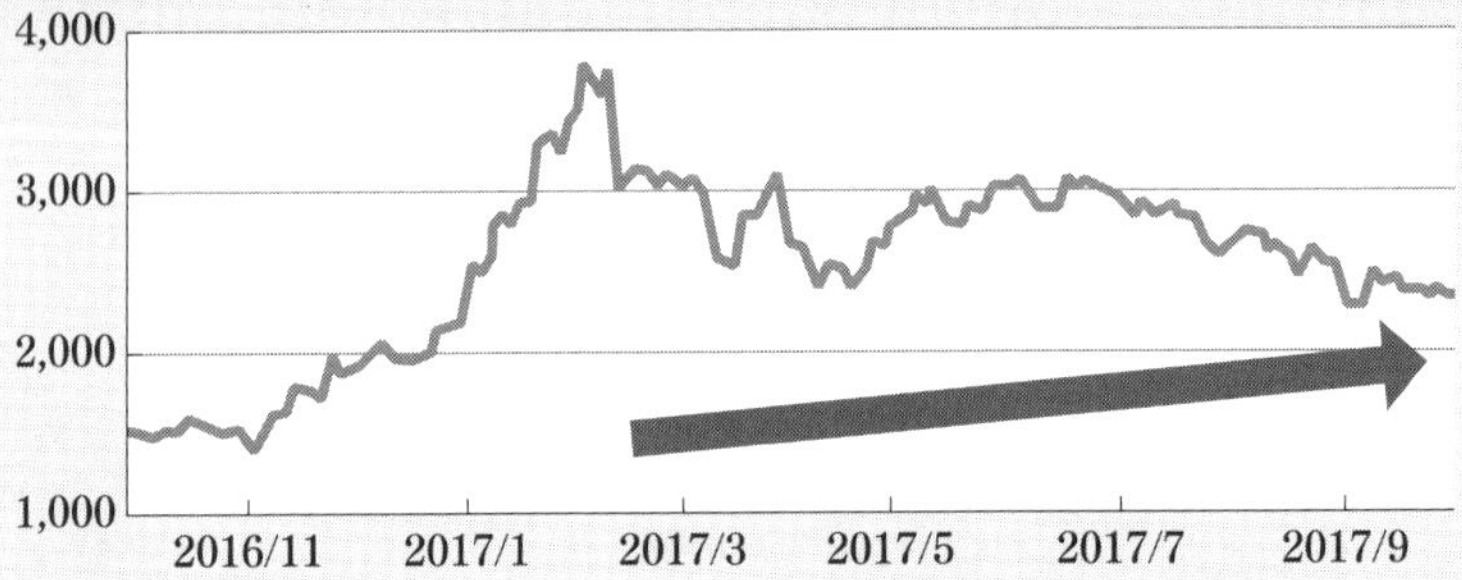

国内航空券の予約サイト「空旅.com」が柱。2007年５月、旅キャピタルを設立。８月、航空券販売サイト「e航空券.com」の事業を取得した。2008年、海外ホテル販売サイト「旅WEB」の事業取得。2013年、社名を現商号に変更。旅行業界におけるインターネット販売比率の上昇、訪日外国人観光客の増加を背景に業績は好調に推移している。訪日旅行客向けにキャンピングカーレンタル、民泊CtoCプラットフォーム「AirTrip民泊」、外貨両替サービスなどをスタート。2017年９月期、2018年９月期とも増収増益と見られる。2017年９月期に配当開始。

14 JALUX 2729 東1 現在の株価 2,608円

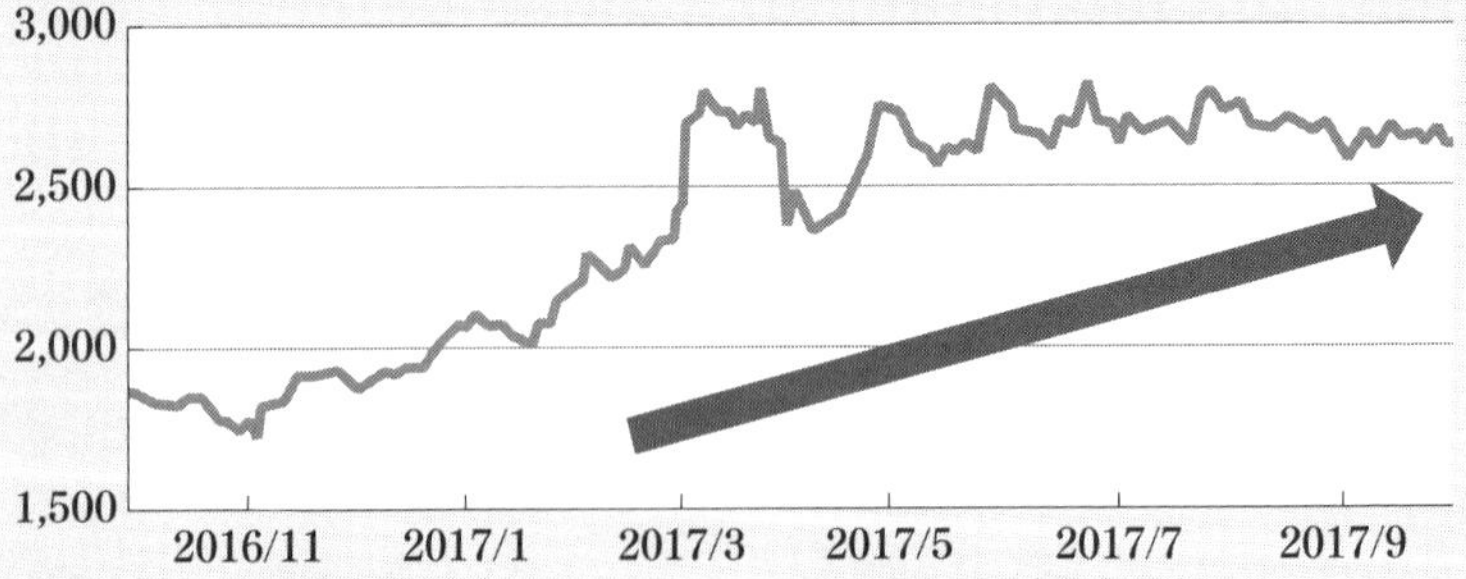

航空機部品や機材などの販売から、空港店舗「BLUE SKY」の運営、保険代理店、高齢者向け介護関連施設の運営まで、幅広く展開するJAL系商社。1962年に日本航空の子会社として航空商事を設立。1963年に日航商事、2001年に現社名に変更。空港店舗販売、空港免税店舗販売、免税店向け卸販売、通信販売、外食などリテール事業が上向き。農水産物、贈答用食品、加工食品、ワインなどを販売するフーズ・ビバレッジ事業が好調である。過去３期連続最高益、今期、来期とも最高益を更新、増配の可能性も。

15 コメ兵 2780 東2 現在の株価 1,794円

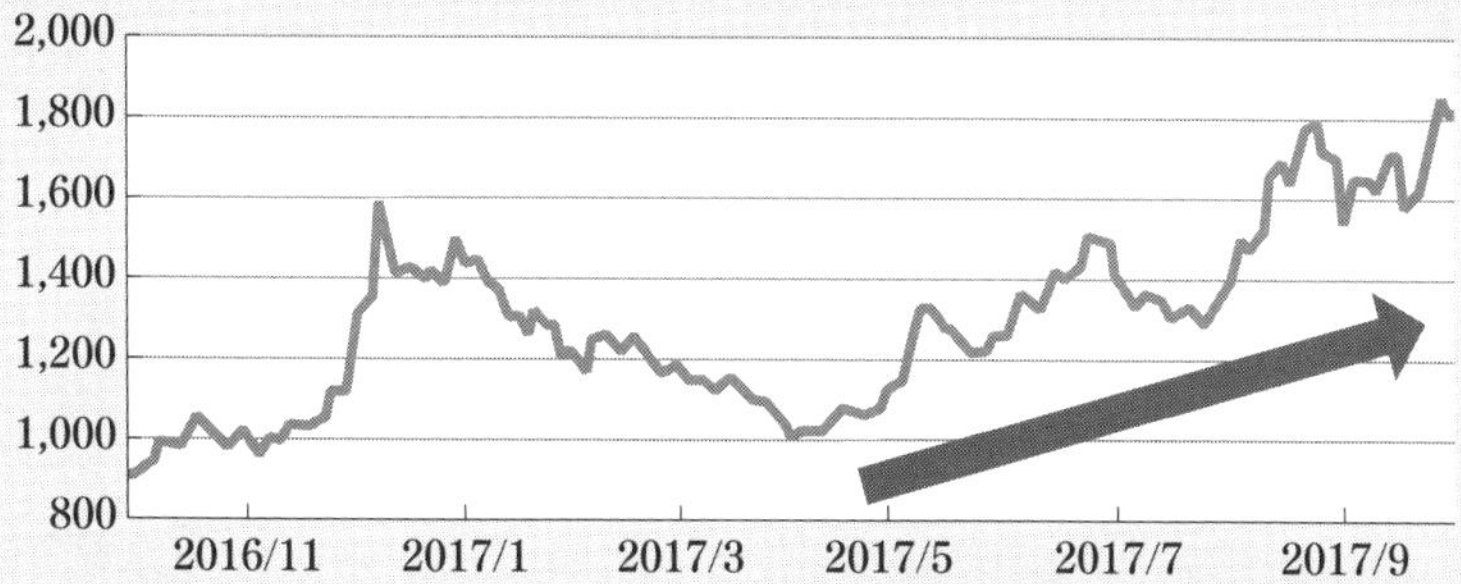

リサイクル店「KOMEHYO」を主要都市に展開する中古ブランド品販売会社。1947年に名古屋市で中古衣料品販売の「米兵」を創業、1987年に現社名に変更。前期は中国政府による中国人観光客の爆買い規制などインバウンド需要の失速で苦戦したが、今秋からインターネットで中古ブランド品を個人間で売買するフリーマーケットアプリの運営を開始する。買取保証などで差別化を図り、アプリでコメ兵に親しんだ顧客が店頭で売買する相乗効果を狙う。インバウンド需要の回復もあり、今期、来期とも増収増益と見られる。

16 ドンキホーテホールディングス 7532 東1 現在の株価 4,320円

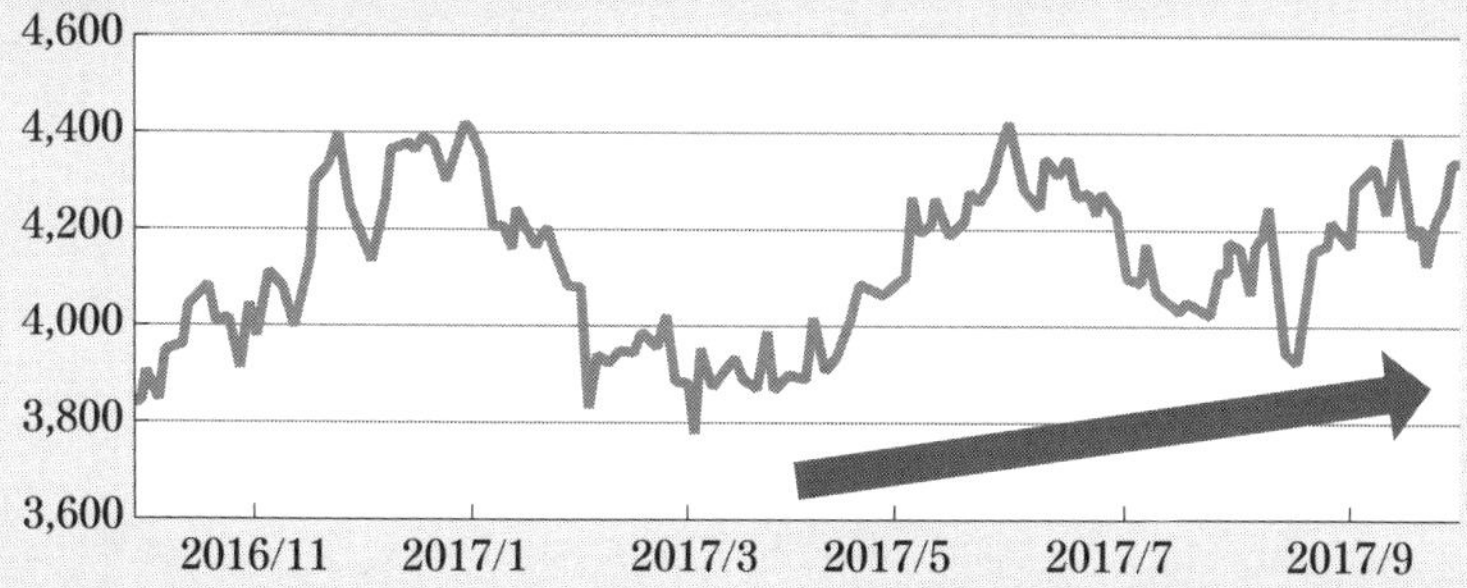

総合ディスカウント店「ドン・キホーテ」を運営。1980年、ジャスト設立。1989年、ドン・キホーテ１号店を出店。1995年、ドン・キホーテに商号変更。2013年、持株会社に移行し、現商号に変更。2008年から訪日客向けのサービスを強化し、国内店舗の95％が免税免許を取得した。外国人対応の「ウェルカムクルー」、ネイティブによるコールセンター「ウェルカムデスク」、人気商品を訪日前に予約できる「ウェルカム予約サイト」などを提供。ドン・キホーテ１号店創業から2019年６月期まで30期連続の増収・営業増益が見込まれる。

17 プロルート丸光 8256 JQ　現在の株価 206円

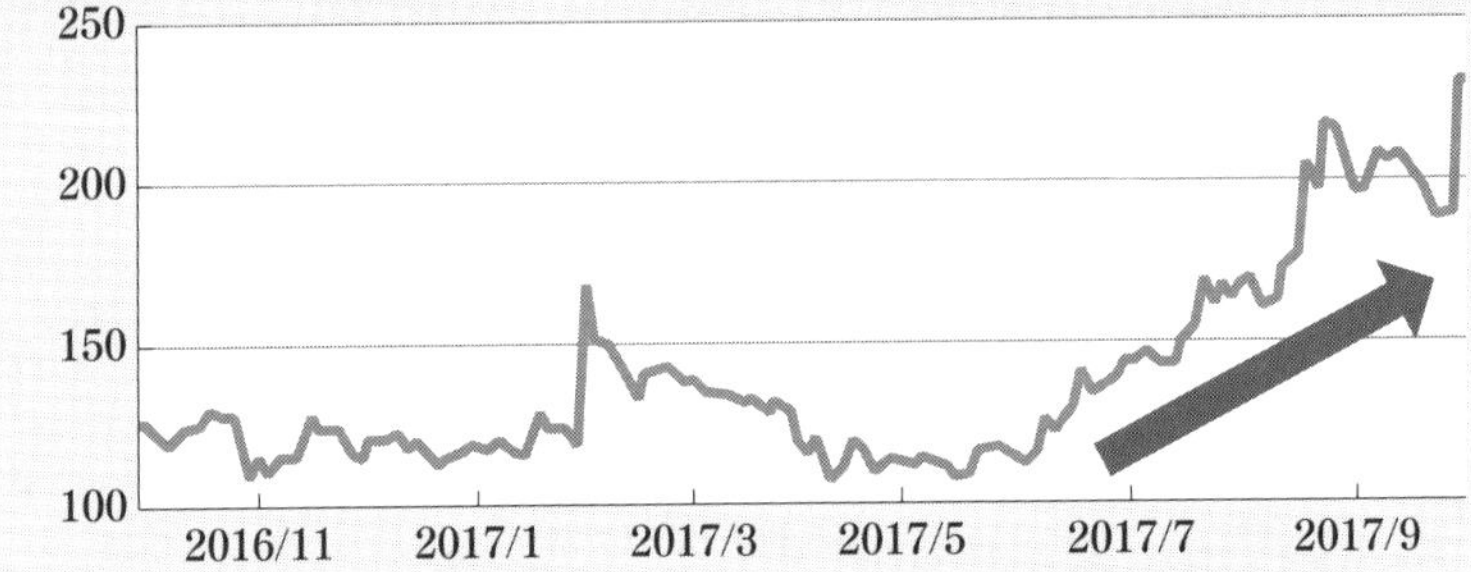

総合衣料問屋。1900年に個人商店として創業。1951年、丸光を設立し、センイ丸光と呼称。1959年、総合衣料問屋へ業態転換。1976年、ファッション丸光に呼称変更。1988年、現商号に変更。2015年、「丸屋免税店」を大阪本店内にオープンし、訪日旅行客向けに日本製品の小売販売をスタートした。独自のSNSアプリを開発し、国内外へタイムリーな情報を発信して販促強化を図る。前期に４期継続して営業損失を計上し、「継続前提に疑義」の注記がなされるが、今期、来期ともに増益と見られる。

18 コーセー 4922 東1　現在の株価 13,000円

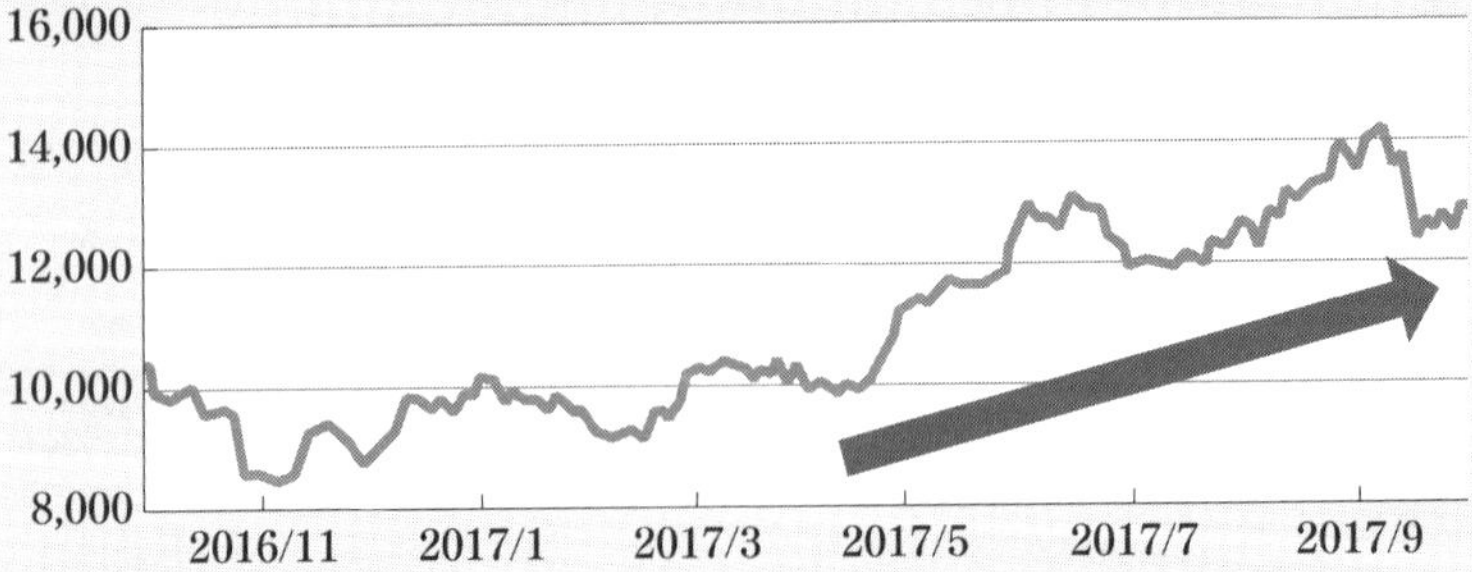

化粧品メーカー大手。1948年、小林コーセーを設立。1991年、現社名に商号変更。売上高は資生堂、花王のビューティケア事業に次ぐ第３位。海外売上高比率は21%。中価格帯の「雪《せつ》肌《き》精《せい》」「エスプリーク」、高価格帯の「アルビオン」「タルト」など、多数のブランドを持つ。美白化粧品「雪肌精」は訪日中国人観光客の爆買い対象であったが、その後の需要低迷から回復した。訪日客には高価格帯ブランドの販売も増加している。Web広告やEC販売強化などにより今期、来期ともに連続最高益、連続増配が見込まれる。

19 昭文社 9475 東1 現在の株価 716円

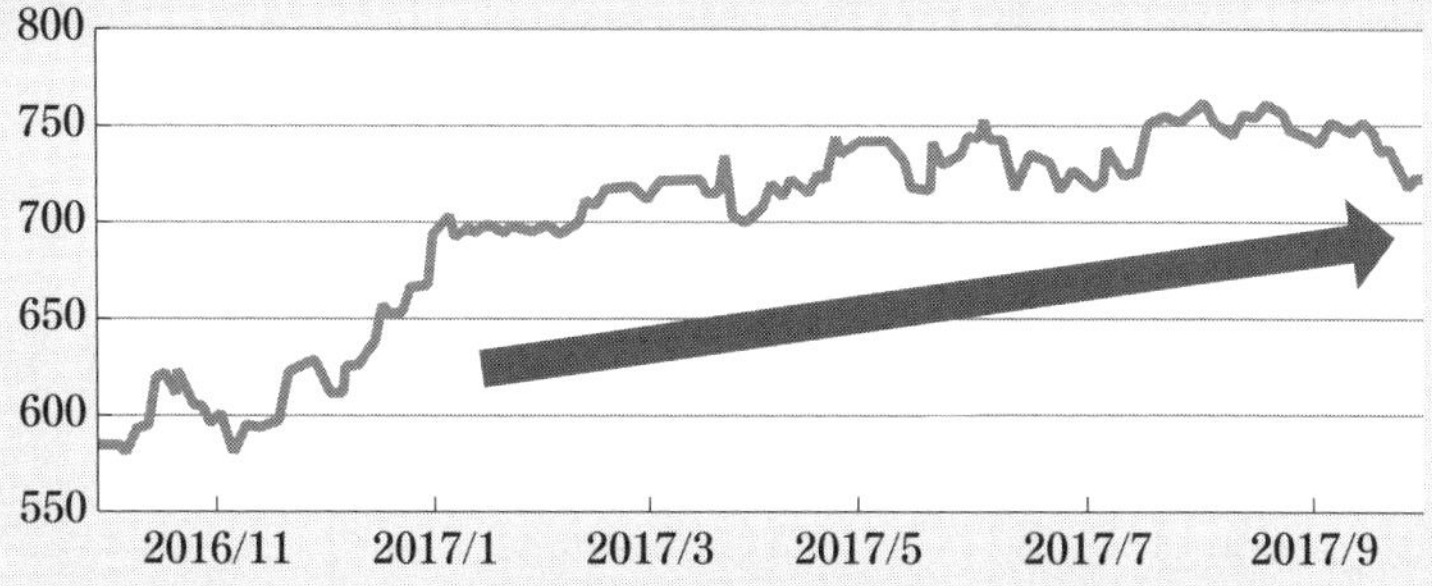

地図・雑誌・ガイドブックの出版事業が主力。「MAPPLE」ブランドで展開。1960年、地図の出版販売を目的として昭文社を設立。デジタルデータベースの企画・制作・販売、サービスを提供する電子事業は、ナビゲーション用アプリケーションソフト「マップルナビ」をカーナビメーカー向けに販売する。インバウンド事業を第３の柱とすべく訪日外国人観光客向けのアプリ「DiGJAPAN!」、WEBサイト「DiGJAPAN!WEB」を運営する。ニーズが高い英語、中国語、タイ語、韓国語に対応。今期、来期ともに増収増益と見られる。

20 翻訳センター 2483 JQ 現在の株価 3,890円

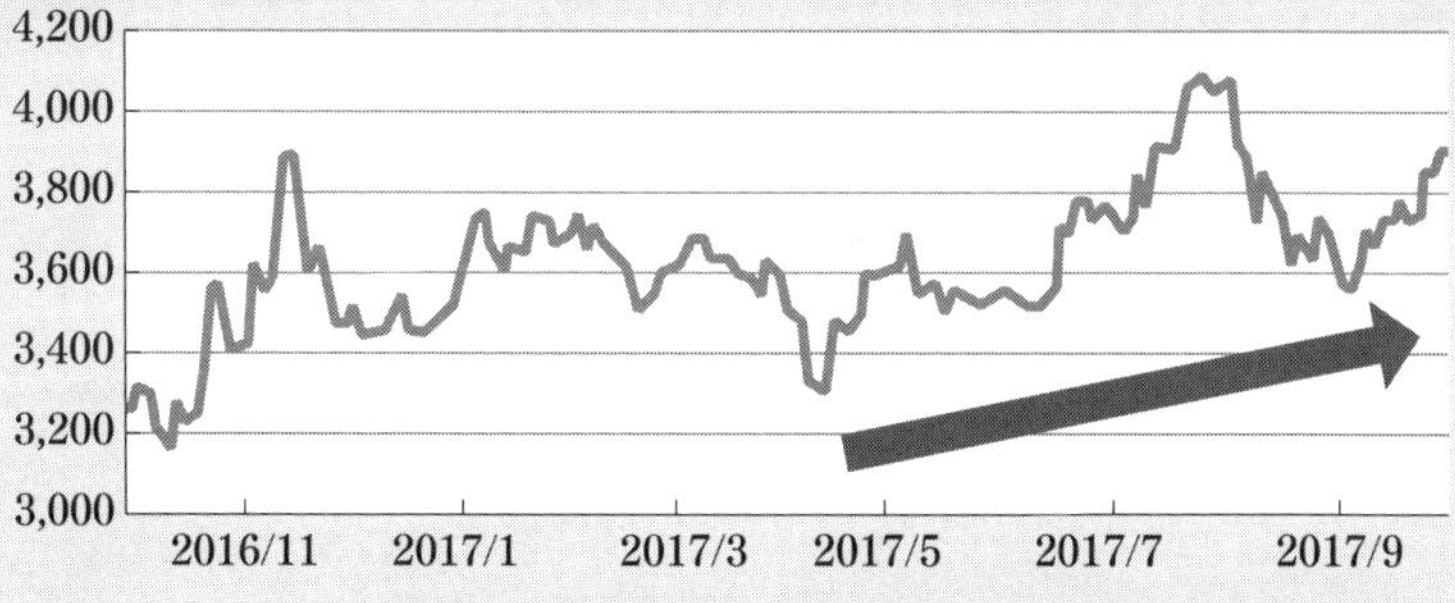

企業向けの大手翻訳会社。1986年、メディカル翻訳センターを設立し、関西地区を中心とした医薬分野専門の翻訳サービスを開始。1997年、工業・特許分野サービスを開始、同時に商号を翻訳センターに変更した。関連サービスの１つ「多言語コンタクトセンター」では、電話での逐次通訳により、日本在住の外国人や訪日外国人観光客に円滑な対応をしたい企業や自治体をサポートする。日、英、中、韓、ポルトガル、スペインの６カ国語対応のコールセンターを24時間365日体制で稼働。今期、来期とも最高益を更新、増配の見込み。

21 ヤマトホールディングス 9064 東1 現在の株価 2,251円

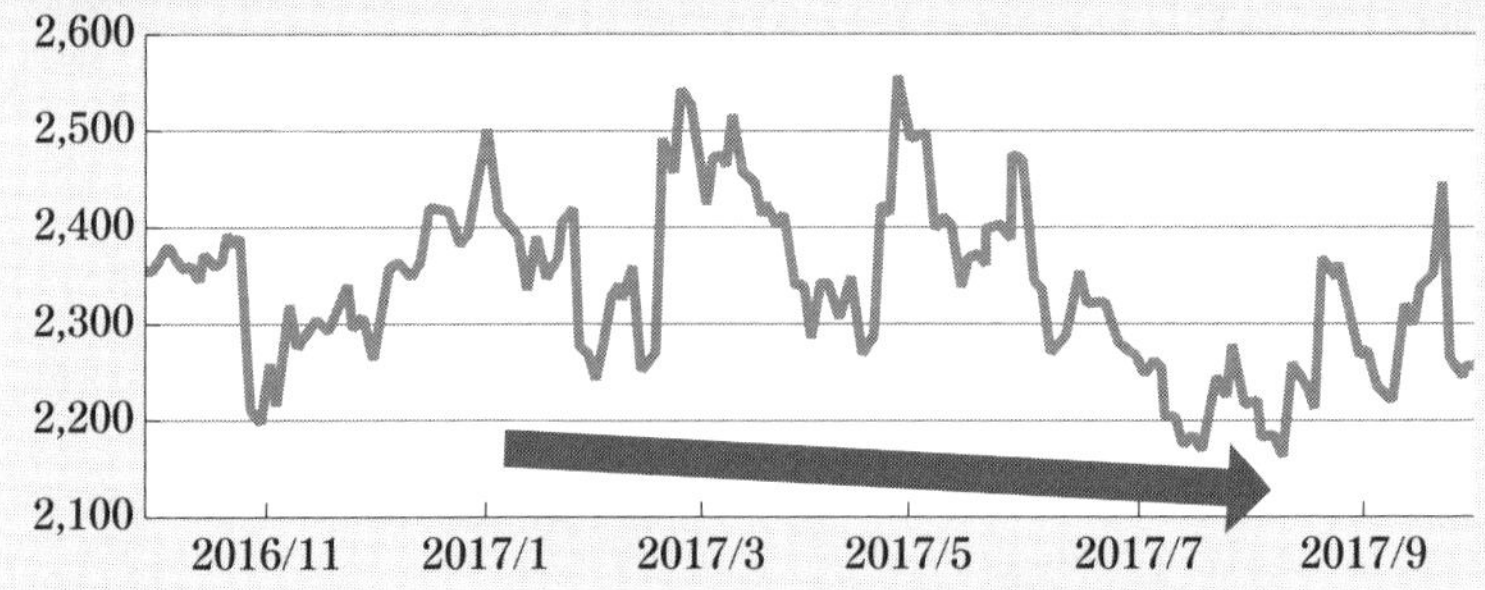

小口貨物が主力の宅配便最大手。国内シェア約45％。1919年に創業。1929年に東京－横浜間で日本初の定期便事業を開始し、1976年に「宅急便」を開始した。2005年、純粋持株会社に移行し、商号をヤマトホールディングスに変更。2018年１月からJTB、パナソニックと連携し、訪日外国人旅行者向けに手ぶら観光を支援するサービス「LUGGAGE-FREE TRAVEL」（ラゲージ・フリー・トラベル）をスタートする。今期は過去の未払い賃金支払いの影響などで増収減益、来期は値上げの効果で増収・大幅増益と見られる。

22 アクリーティブ 8423 東1 現在の株価 394円

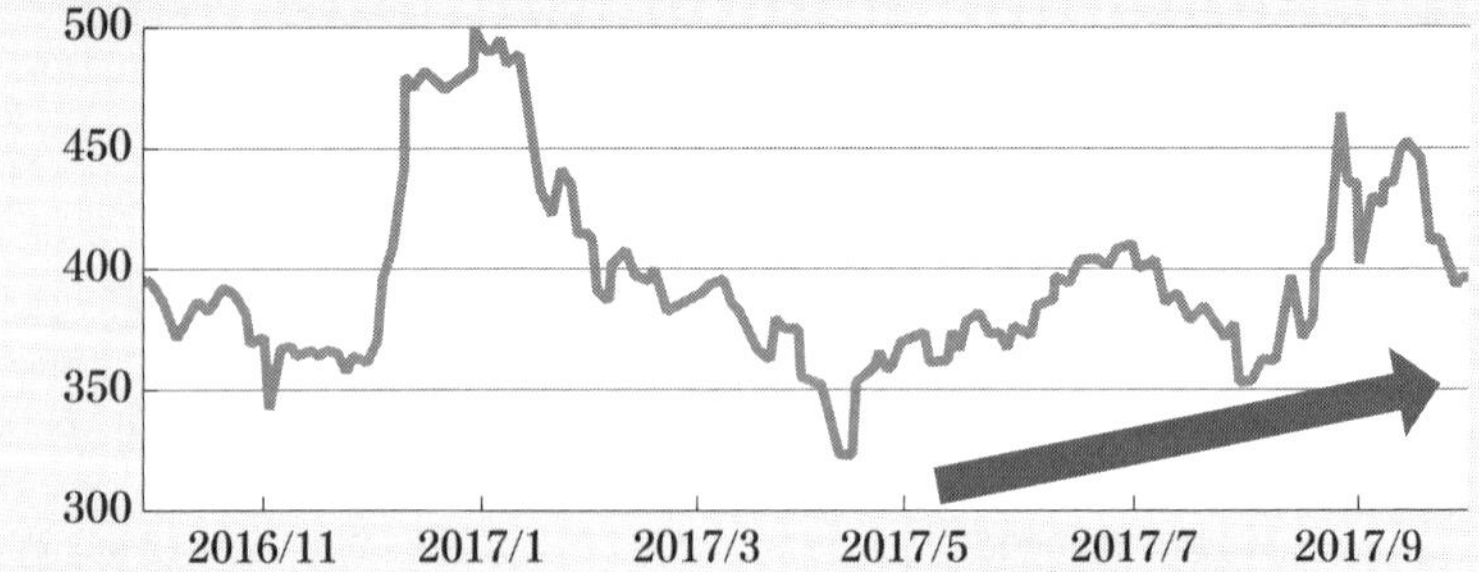

売掛債権を買い取り現金化、中小企業の資金繰りを改善するサービスを展開。1999年、企業のさまざまな金融ニーズに応えることを目的に、フィデックコーポレーションを設立。2003年、社名をフィデックに変更。2009年、現ドンキホーテホールディングスと業務・資本提携。2012年、現社名に変更した。訪日外国人が自国通貨で買物できたり、日本円に両替できるG Payサービスを2015年から開始。ホテルや旅館、飲食店、土産店などが利用し、インバウンド需要を取り込む。今期は減益、来期は増収増益が見込まれる。

23 ビジョン 9416 東1 現在の株価 2,544円

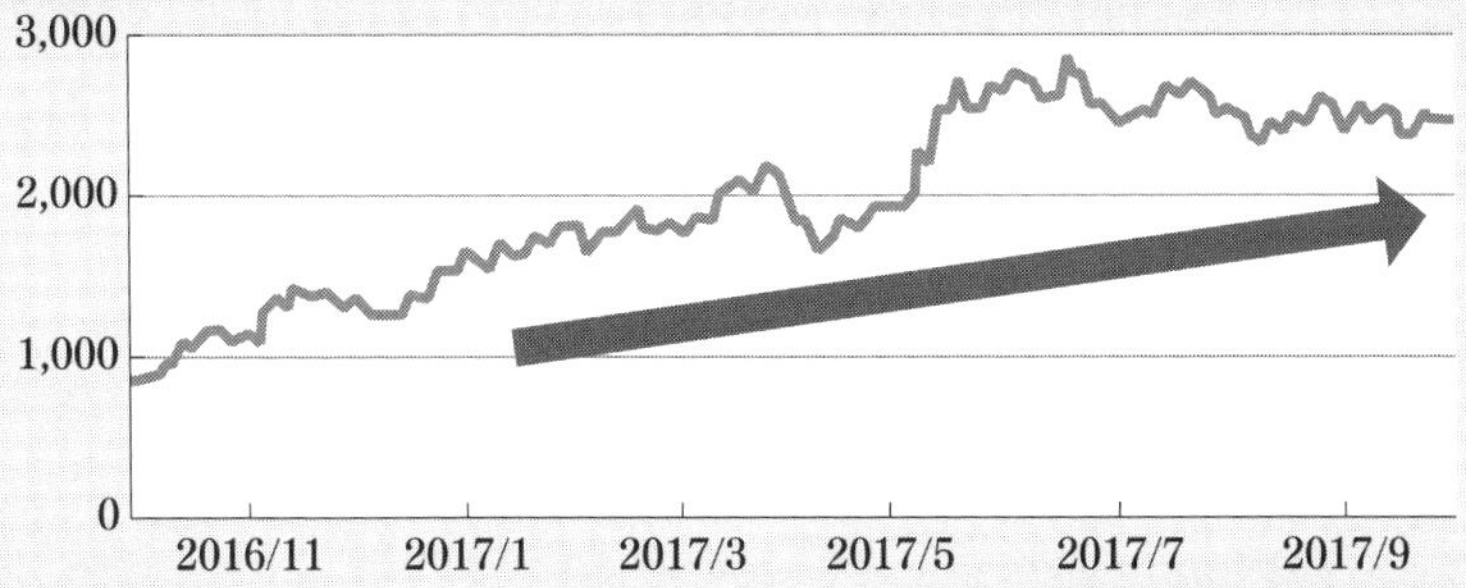

海外渡航者へのルーター貸し出しなどを展開。2004年、子会社ビジョン・ビジネス・ソリューションズが旧ビジョンを吸収合併し、商号をビジョンに変更。2012年、Wi-Fiレンタル事業を開始。世界各国の通信キャリアと回線契約を結び、日本から海外、海外から海外、海外から日本への渡航者にサービスを提供する。2017年６月、訪日外国人客向けにインバウンド観光ビル「歌舞伎城」、７月にはインバウンドビジネスを支援する「インバウンド対策ドットコム」をオープンした。2017年12月期、2018年12月期ともに大幅な増収増益が見込まれる。

24 デジタルガレージ 4819 東1 現在の株価 2,351円

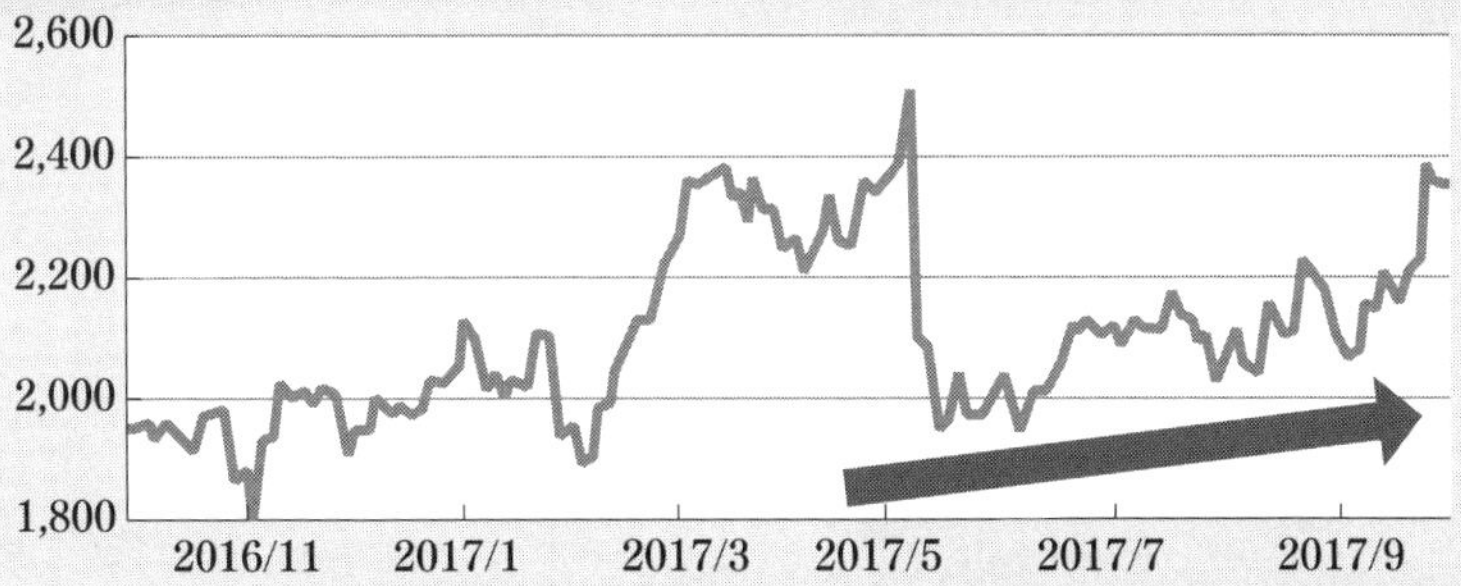

インターネットビジネスの支援会社。1995年に設立。購買支援サイト「価格.com」やグルメサイト「食べログ」を運営するカカクコムへの投資・育成、米Twitter社の日本事業立ち上げ支援などに携わる。2016年よりインバウンド消費の拡大を狙う自治体や企業に対し、訪日外国人向けオリジナル観光ガイドアプリを構築するサービス提供を開始した。前期に６月末から３月末へ決算期を変更、持分法適用会社のカカクコムの貢献もあり、今期、来期ともに増収増益、最高益更新が見込まれる。

25 ブイキューブ 3681 東1 現在の株価 617円

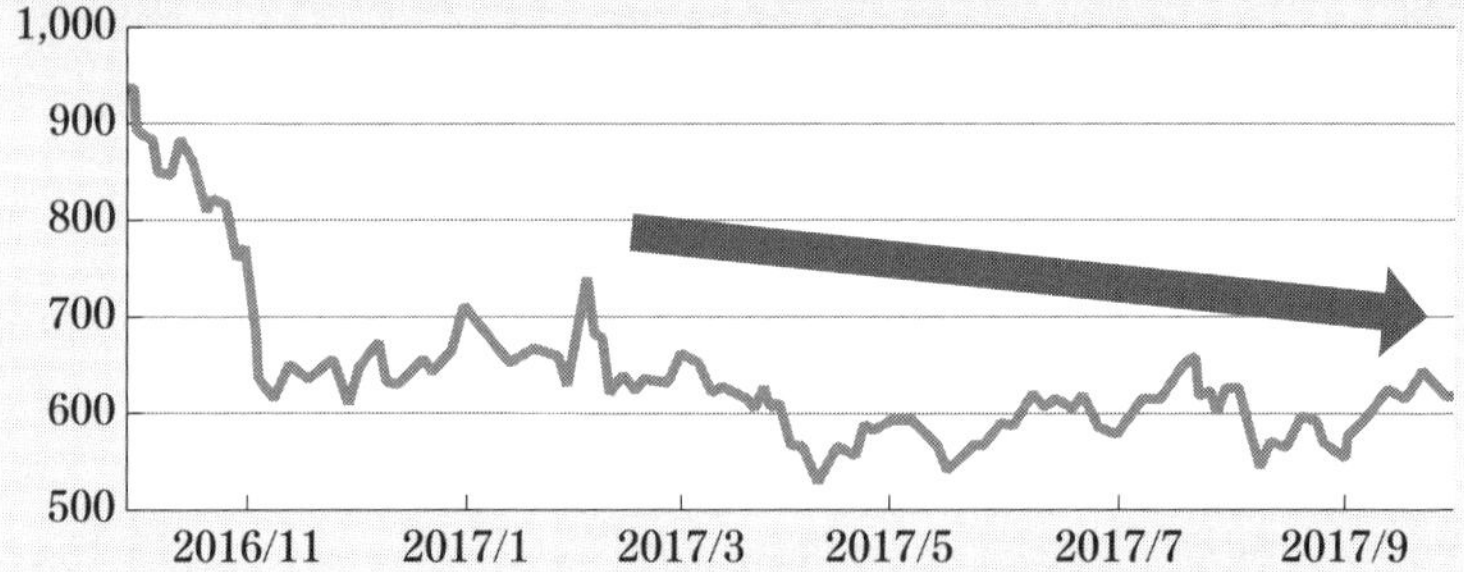

Web会議サービスが主軸の情報通信会社。1998年、Webソリューションサービスを目的に創業。ユーザーのPCやスマートフォン、タブレットなどのモバイル端末を利用してインターネット上で会議を行なえる「V-CUBEミーティング」や、多人数の同時受講が可能な「V-CUBEセミナー」、訪日外国人旅行客にモバイル端末でオペレーターがリアルタイム通訳をする「V-CUBEトランスレーター」などを提供する。中国、タイ、マレーシア、米国に進出。2018年12月期は中国向けWeb会議サービスが急回復、大幅増益が見込まれる。

26 フライトホールディングス 3753 東2 現在の株価 892円

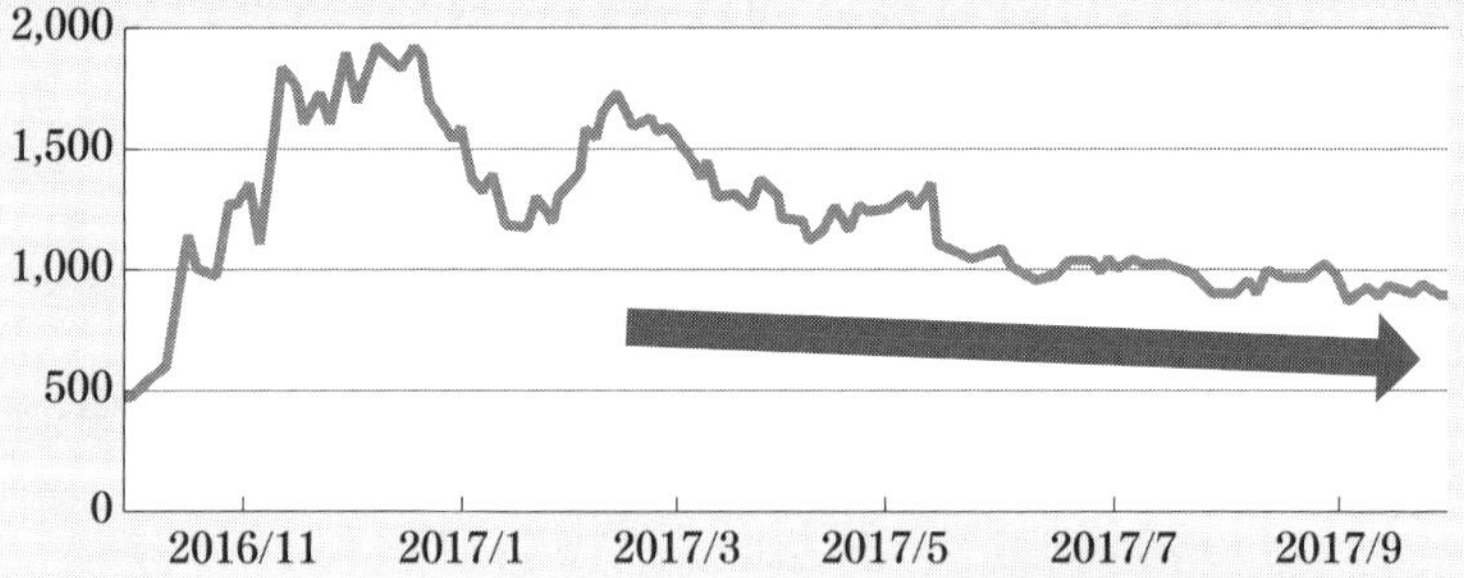

ITのコンサルティング、開発会社。1988年、画像処理のデジタル化を目的としてフライトを設立。2013年、持株会社制に移行し、商号をフライトホールディングスに変更した。主力のモバイル型電子決済端末はアップルペイ対応品で大型の追加受注が発生。決済端末は中国の「銀聯」対応開始により、非接触型国際6ブランドの認定取得がすべて完了した。カードをかざすだけで決済が完了する非接触型は訪日外国人旅行客が急増する中、宿泊施設の引き合いも多い。今期は大幅な減収減益、来期は増収増益と見られる。

27 沖電気工業 6703 東1　現在の株価 1,533円

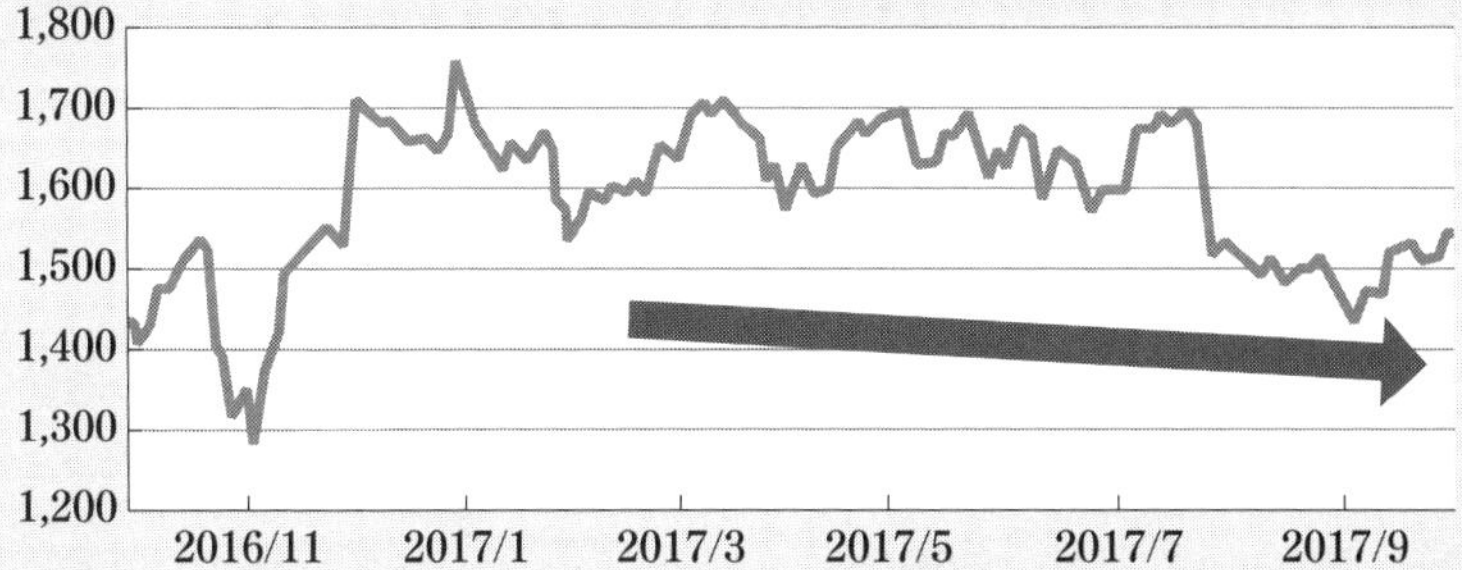

日本初の電話機を製造した法人向け情報通信機器の大手メーカー。1881年、前身である明工舎を創業。1907年、合資会社沖商会に組織変更。1912年、沖商会の販売部門として沖電気を設立。1949年、企業再建整備法により沖電気が解散。同日、その第二会社として沖電気工業を設立した。国内トップクラスのシェアを有する金融機関や流通業界向けATMなど、メカトロシステム製品を提供する。海外のキャッシュカードやクレジットカードを使えるATMなど、インバウンド需要に対応する。今期、来期ともに増収増益と見られる。

銀行消滅《ぎんこうしょうめつ》

新たな世界通貨《ワールド・カレンシー》体制へ

平成29年11月10日　初版第1刷発行

著　者　副《そえ》島《じま》隆《たか》彦《ひこ》

発行者　辻　浩明

発行所　祥《しょう》伝《でん》社《しゃ》

〒101-8701
東京都千代田区神田神保町3-3
☎03(3265)2081(販売部)
☎03(3265)1084(編集部)
☎03(3265)3622(業務部)

印　刷　堀内印刷

製　本　ナショナル製本

ISBN978-4-396-61627-4 C0033

Printed in Japan

祥伝社のホームページ・http://www.shodensha.co.jp/

副島隆彦の衝撃作

2016年刊

ユーロ恐慌

欧州壊滅と日本

トランプ大統領誕生の予測的中！
世界経済はこう動く！

Brexit After-Shocks

祥伝社